CHILDREN
Parent's
Greatest Journey

# 孩子是父母最好的修行

## 为人父母第一课

包丰源 著

中华工商联合出版社

图书在版编目（CIP）数据

孩子是父母最好的修行：为人父母第一课 / 包丰源著. -- 北京：中华工商联合出版社，2025.5. -- ISBN 978-7-5158-4219-6

Ⅰ．G78

中国国家版本馆 CIP 数据核字第 2025YJ8088 号

孩子是父母最好的修行：为人父母第一课

| | |
|---|---|
| 作　　者： | 包丰源 |
| 出 品 人： | 刘　刚 |
| 特约策划： | 韩雅男 |
| 责任编辑： | 于建廷　臧赞杰 |
| 装帧设计： | 水玉银文化 |
| 责任审读： | 付德华 |
| 责任印制： | 陈德松 |
| 出版发行： | 中华工商联合出版社有限责任公司 |
| 印　　刷： | 北京毅峰迅捷印刷有限公司 |
| 版　　次： | 2025 年 6 月第 1 版 |
| 印　　次： | 2025 年 6 月第 1 次印刷 |
| 开　　本： | 710mm×1000 mm　1/16 |
| 字　　数： | 240 千字 |
| 印　　张： | 18.75 |
| 书　　号： | ISBN 978-7-5158-4219-6 |
| 定　　价： | 68.00 元 |

服务热线：010-58301130-0（前台）
销售热线：010-58301132（发行部）
　　　　　010-58302977（网络部）
　　　　　010-58302837（馆配部）
　　　　　010-58302813（团购部）
地址邮编：北京市西城区西环广场 A 座
　　　　　19-20 层，100044
　　　　　http://www.chgslcbs.cn
投稿热线：010-58302907（总编室）
投稿邮箱：1621239583@qq.com

工商联版图书
版权所有　侵权必究

凡本社图书出现印装质量问题，
请与印务部联系。
联系电话：010-58302915

# 自 序

自2005年创立心智家园教育以来,我始终怀着一个简单而坚定的愿望:帮助更多人拥有透过现象看本质的生命智慧,找到生命意义,提高生命价值。在过去的二十年里,我有幸与成千上万的学员朋友相遇,他们每个人都是带着不同的困惑和挑战而来,可是所有问题的根源最终都指向了一个共同的地方——"家庭"。

在与这些学员的接触中,我逐渐地意识到,无论是事业上的困境、情感上的波折,还是个人的健康问题,许多核心问题的背后,都能追溯到家庭环境与父母养育方式的深层影响:当下我们所遇到的人生困惑,与早年的成长经历密不可分,和我们与父母之间未解的关系有着深刻的联系;而孩子身上呈现出来的问题,往往也是在映射我们自己内心的困扰。

每一个生命来到这个世界上,都是独特且宝贵的个体,拥有自己的天赋与潜力,带着自己的使命与成长的需求。遗憾的是,很多父母并没有接受过系统的"为人父母"教育,也没有机会真正学习和掌握让孩子幸福成长的生命规律与方法,父母的无意识行为、情绪反应,甚至未曾处理的过往创伤，都可能在不经意间影响孩子的情绪和行为，阻碍孩子的天性发展。在这个快速变化的时代，很多父母的教育方式早已跟不上时代发展和孩子成长的需要。

这样的现状促使我反思与探索：能不能通过一套理论帮助父母提高生命智慧，系统学习与掌握让孩子幸福的生命规律与方法？如何让父母在更深的层次上理解孩子的成长需求、更好地爱孩子，让孩子更健康、快乐地成长？

带着这样的思考，我开始了对亲子教育规律的深入研究，逐步将东方智慧的深厚底蕴与西方实证的科学方法结合，研发了"生命智慧""为人父母""明心见性""用心带孩子"等课程。这些课程不仅帮助父母解读生命的规律，还提供了具体的方法，帮助他们应对事业、婚姻、健康、亲子教育等方面的难题。同时，我也将这些年的思考结晶凝聚成文字，自2007年开始陆续出版了《谁决定孩子的命运》《用心带孩子》《成就孩子一生》《孩子的问题都是父母的问题》等书籍。这些书籍不仅在国内受到了广泛好评，还被翻译出版至韩国，成为亲子教育类的畅销书。

在这些年的探索中，我愈发深刻地感受到，亲子教育的关键不仅仅在孩子身上，更多的是在父母的内在成长和心智成熟上。我们常说"父母是孩子的第一任教师"，父母的思想认知高度和情绪状态，直接塑造孩子的成长路径。这一发现促使我提出了"父母是原件，孩子是复印件"的理念，每一个孩子的问题都可以在父母身上找到根源。

时代在不断变化，我们的心智教育理论体系也在不断地升华。这本《孩子是父母最好的修行：为人父母第一课》是一个具有象征意义的里程碑，它融合了过往的理论精华，又承载了我在亲子教育领域的一个突破性发现——"文件包"理论。

"文件包"理论揭示了一个人内在的情绪、思想和早期记忆对人生的影响。每个父母在成长的过程中都会积累一些情绪记忆，这些记忆就像一个个"文件包"，它们不仅塑造了父母的行为模式，也潜移默化地影响着孩子的情绪和成长轨迹。当父母能够认知并修复这些深层次的情绪和心智障碍时，不仅可以更好地理解孩子，还可以为孩子创造幸福一生的"文件包"。

为了更快速有效地帮助父母走出情绪困扰，从根源化解、清除成长经历中的情绪伤害，我在学习和实践的过程中创立了"情志疗法"，专注于从情绪入手修复人的内在心智，为无数家庭带来了希望与改变。这一疗法得到了社会的高度认可，《情志疗法操作规范》《情志疗法实践应用指南：抑郁症调理》《情志疗法实践应用指南：乳腺增生调理》团体标准发布实施，《中医情志疗法的理论创新与实践应用》

项目于 2023 年 10 月获得 2023 年中国民族医药协会科学技术进步三等奖（该奖项为科技部国家科学技术奖励工作办公室批准设立）；获得 2022 年度中国民族医药学会科学技术奖·科技进步奖二等奖。

在二十年的持续实践中，我们帮助许多家庭走出困境，解决了长期困扰他们的亲子冲突，引导父母与孩子互相理解，重新建立了信任。通过"为人父母"课程的学习，不少父母重新找回了希望和自信，许多孩子从曾经的"躺平"或抑郁中走了出来，重新找回了对生活的热爱，变得更加自信、自立、自强，成绩也得到了可喜的提升。

孩子是祖国的未来，民族的希望，家庭的寄托。我希望通过"为人父母"智慧教育，帮助父母找到育儿的正确方法，也培养更多家庭教育指导师，让他们将这一智慧带入千家万户，为孩子们的未来播撒更多希望的种子。我们相信，只有父母的心智和生命状态发生改变，孩子的未来才会焕发出更璀璨的光芒。

《孩子是父母最好的修行：为人父母第一课》正是这一愿景的延续和升华，它不仅是对"为人父母"智慧课程的总结与升华，更是一本帮助父母觉察、觉醒的实践指南。通过这本书，我希望能为为人父母者提供一条更为清晰的道路，让他们在亲子关系中找到新的方式，去理解孩子、陪伴孩

## 自序

子，同时也在这个过程中不断修正自己、提升自己。

父母的成长，是孩子最大的福祉；父母的觉醒，是家庭最深厚的力量。真正的亲子教育，不是费尽心思地塑造孩子，而是提升自己的生命智慧；不是为孩子勾勒成长轨迹，而是陪伴孩子找到生命的出路。未来，我希望有更多的朋友可以踏上"为人父母"的觉醒与修行之路，探索生命的深层次规律，打破过去的局限与障碍，为孩子创造一个更加美好的未来。我们每一个人的觉醒，都将在孩子的生命中激起涟漪，传递出更强大的力量，改变他们的一生，甚至改变整个世界的未来。

包丰源

2025年1月24日

# 序 言

**我**们正处在一个"孩子不好过,家长更为难"的时代。

今天的父母,比起上一代的父母承受着更残酷的竞争压力,一刻也不敢停下来,害怕被日新月异、越来越快的社会节奏抛弃。当父母奔忙于生计时,陪伴孩子的时间与精力自然就少了,必要的沟通与关心在质与量上也大打折扣。

家长与孩子之间本应该有着最亲密的关系,可是今天的孩子很多时间都在对着电子产品,它们填补着孩子的精神世界,也侵蚀着孩子在人际关系、沟通技巧、情绪处理、创新、责任和其他许多重要方面上的生活体验和能力,让孩子对自我价值的认识不足,缺少自信心,只有通过电视、网络、游戏等外在的刺激来满足内心的缺失。

父母一方面渴望走进孩子的内心,一方面又没有时间与孩子建立情感链接,不知道该怎样与孩子沟通,而孩子也渐渐不愿把心中的想法与父母分享。久而久之,亲子之间就产生了不应有的隔阂:父母不了解孩子,孩子不认可父母,隔三差五就发生争吵,彼此间的矛盾日益加深。

当下，不少亲子课程都在教授父母育儿技能，试图快速解决孩子的问题。父母们迫切地想要改变现状，令人无奈的是，道理听了一堆，方法学了不少，一旦跟孩子发生意见分歧，或是当孩子出现学习不认真、沉迷游戏、撒谎狡辩等状况时，所有的道理和方法瞬间化为泡影，自己又会做出和过去一样的反应——在发脾气之后又一次懊悔不已。

为什么会出现这样的状况呢？

《礼记·大学》有云："物有本末，事有终始。知所先后，则近道矣。"意思是说，世间万物都有根本和枝末，每件事情都有开始和结束；一旦懂得了事物发展的先后顺序，就离发现规律不远了。

在亲子教育上，多数父母只看到了孩子的问题，却忽略了一个底层逻辑：父母是原件，孩子是复印件。一味地强调孩子当下的问题，不思考孩子为何会成为今天的样子，就像头疼治头、脚疼医脚，始终会有无数的问题等着你。

从本质上来说，孩子的问题都是父母的问题，但这并不意味着一切都是父母的错。绝大多数人在正式成为父母时，并没有接受过"如何为人父母"的教育，往往会不自觉地沿用自己早年从父母那里"习得"的教育方式，而那些方法不一定都是对的。

错误的教育方式造成的创伤、成长过程中经历的负面情绪，如果得不到有效地释放、清除和化解，它所产生的情绪记忆就会形成犹如电脑程序一样的"文件包"，只要遇到类似情形就会自动运行。亲子问题中的"因"，大都源自父母早年的"文件包"，这种潜移默化的影响，若不加以识别和调整，还会在下一代中沿袭。

孩子只是一面镜子，总会在不经意间反射父母生命系统中的"程序"，延续过往的行为模式。所以，教育的本质不是穷尽所能地改变孩子，而是父母提升思想觉悟，不断地修正自己、完善自己；让孩子自然变好的规律，是父母正视早年的经历，找到并梳理自己的"文件包"，清除心智中的障碍。

为人父母的智慧是需要学习的，养育孩子是父母实现自我修行的契机。父母只有真正理解孩子与自己的关系，懂得如何来对待孩子，明白孩子今天的结果都来源于过往的对待，才能更好地对待今天发生在自己和孩子身上的一切。

如果您一直努力地培养孩子，结果却发现孩子离自己的期望越来越远；如果您和孩子的关系陷入困境，不知道如何建立良好的沟通方式，不知道怎样面对已出现和将要出现的问题，那么，这本书会引领您走出亲子教育的迷雾——我将以"为人父母"课程上的真实个案，来解析人的成长经历，以及人的思想、观念的形成过程及其规律。只有看到了自己的成长过程与经历，看清生命的规律，开启为人父母的智慧，才会更好地理解孩子，为孩子塑造更好的成长环境，让孩子不再重蹈自己的覆辙，真正幸福地成长。

谨以此书，献给所有爱孩子的父母！

# 目 录

## 辑一 养育孩子是一场自我修行

01. 生了孩子，就是父母了吗？ 003
02. 好父母不是天生的，是后天学成的 007
03. 重新认识你和孩子的关系 011
04. 人的底层逻辑：父母是原件，孩子是复印件 016
05. 有怎样的"文件包"，就会成为怎样的父母 021
06. 养育路上的难题是父母成长的契机 027
07. 父母 1% 的提升，换得孩子 99% 的幸福 030

【个案解读】
孩子对妈妈的不耐烦，原因让妈妈沉默了 033

## 辑二 孩子的问题都是父母的问题

01. 教养方式定格孩子的人生底色 037
02. 不是孩子的问题，是父母用错了方法 041
03. 透过孩子照见自己的生命状态 046
04. 理解亲子关系中的投射效应 050
05. 当下的行为模式，源于过往的情绪记忆 056
06. 父母的觉醒才是孩子的起跑线 062

【个案解读】
13 岁孩子不想上学，是谁的心结未解开？ 068

## 辑三

### 修正隐藏的"生命程序"

01. 万物皆有规律，一切皆有逻辑　075
02. 看不见的生命程序，看得见的因果循环　081
03. 时间解决不了根源性的情绪种子　088
04. 积极地打开心门，要面对不要逃避　093
05. 回到原点，找到自己的"文件包"　099
06. 有效释放情绪的三种方法　106

【个案解读】
孩子频繁请假，根源是父母的"旧伤"　114

## 辑四

### 孩子由你而来，但并不完全属于你

01. 孩子不是你的附属品　119
02. 父母的缺失与遗憾，不该由孩子来承担　123
03. 别因为你想赢，就教育孩子不能输　127
04. 最好的托举是让孩子成为自己　131
05. 给予孩子应有的尊重与自由　136
06. 沟通不是言语指令，是用心看见孩子　140
07. 允许孩子有隐私，边界是独立的象征　144

【个案解读】
精心培养的孩子，为何高考前在家"躺平"？　147

## 辑五

### 父母的心智状态，决定孩子的模样

01. 精神引领人生，思想塑造命运　153
02. 父母的心智高度，决定养育的温度　156
03. 爱是给孩子赋能，不是给孩子设障　160
04. 负面情绪是对心智能量的最大消耗　164
05. 疾病是心灵的隐性表达　167
06. 释放情绪记忆，疏通阻塞的能量　174
07. 父母的心智提升，改变孩子的人生　178

【个案解读】
你没有走出的情绪，正在偷偷复制给孩子　　180

## 辑六　重建生命链接，提升家族能量

01. 今生相遇都是过往的重逢　　185
02. 看不见的能量场，摆脱不了的羁绊　　188
03. 亲子链接决定家族能量的延续　　192
04. 能量的传承从接受开始　　200
05. 孩子的成长受制于家族能量　　204
06. 遵从家庭序位，修正失序的关系　　210
07. 对父母修"受"，对孩子修"舍"　　217

【个案解读】
为什么不能和家人"好好说话"？　　220

## 辑七　为孩子创造幸福一生的"文件包"

01. 家庭环境是孩子成长的土壤　　225
02. 改变孩子，先改变自己　　229
03. 孩子的人生底气，来自无条件的爱　　233
04. 蹲下身来与孩子平等对话　　239
05. 提升心灵能量，胜于追逐成绩　　244
06. 给予孩子内在的价值感　　249
07. 站在孩子身边，而不是对立面　　254

【个案解读】
父母的改变，让叛逆儿子重拾人生　　257

# 后记
## "为人父母"课后感悟

感悟 1：育儿之路没有捷径，只有成长与修行　　261

感悟 2：孩子的困境，往往是父母未解的心结　　264

感悟 3：过去的经历，塑造了现在的我们　　268

感悟 4：孩子是独立的个体，有自己的生命轨迹　　271

感悟 5：父母的心智成长，是孩子的心灵财富　　273

感悟 6：家族的能量与福气，在亲子链接中传递　　278

感悟 7：父母的言行是孩子未来的一部分　　282

CHILDREN
Parent's Greatest Journey

辑一 > 养育孩子
是一场
自我修行

**教育家苏霍姆林斯基说**："每瞬间，你看到孩子，也就看到了自己；你教育孩子，也就是教育自己，并检验自己的人格。"在孩子的成长历程中，父母是原件，孩子是复印件；孩子只是"果"，父母才是"因"。希望孩子有所不同，父母先得改变自己。养育孩子的本质，就是父母的一场自我醒悟与修行。

# 01.
## 生了孩子，就是父母了吗？

此刻，手捧这本书的朋友，想必多数已经是名义上的父母，或是即将成为父母。为什么我说是"名义上的父母"呢？因为生育了孩子，只是赋予了一个人生理意义上的父母身份，并不意味着他/她已经具备了养育孩子的能力与智慧。

### ▎养育的缺失与错位，是对孩子最大的伤害

2010年，一个看起来只有几岁的男孩，以娴熟的杀鱼手法，倔强犀利得不像孩童的眼神，吸引了众多网友的关注，人们戏称他为"杀鱼弟"。

据有关报道，"杀鱼弟"的父亲脾气暴躁，经常打骂妻子和孩子。2018年8月，"杀鱼弟"和父亲发生了争吵，一气之下喝了剧毒农药百草枯，万幸的是服毒剂量不大，最终活了下来。

生命是保留了下来，可生活的苦难并没有离他而去。事情刚刚过去半年，2019年1月，"杀鱼弟"和父亲在菜市场卸货过程中，与一名男子发生了激烈的肢体冲突，导致对方多处受伤，肋骨和鼻梁骨骨折，父子二人也因涉嫌故意伤害被刑拘了。

9岁成网红，17岁喝农药自杀，18岁斗殴被刑拘，这就是少年"杀鱼弟"的残酷人生。原本应该接受义务教育、和同龄孩子一起享受童年的时候，"杀鱼弟"被父母当成了半个成年人来用，在繁杂的菜市场里帮

家里讨生活，长期忍受着父亲的暴力。他唯一能够想到的反抗方式就是离开这个世界，他喝下的不仅仅是百草枯，也是他对原生家庭的绝望。

2019年4月17日晚，民警接到一位妈妈的报警，称其儿子跳桥。民警迅速赶到现场，在卢浦大桥下方世博大道中心绿化带内，找到了这名17岁的男孩，可惜孩子已经没有了生命体征。

据调查，男孩因为和同学发生了争执，放学后被妈妈开车接走。路上，男孩遭到了母亲的批评。当妈妈把车停下来时，男孩突然跑下车，飞快地跑到桥边，一跃而下。整个过程，只有短短的5秒钟，母亲还没有意识到发生了什么，儿子就已经坠落到桥下。

当这一事件的视频画面流出时，许多人都希望这个场景不是真的。我们不知道妈妈在车里跟孩子说了什么，发生了怎样的事情，可是妈妈的情绪和反应却成了压垮孩子的最后一根稻草，把孩子推向了崩溃的境地。

## 有孩子不等于有做父母的智慧

我曾读到一则故事：

一位在上海长大的外籍女性，与丈夫结婚后生育了三个孩子。不幸的是，丈夫最终离开了她，她不得不独自一人带着孩子们生活。孩子们稍大一些后，她决定返回自己的故乡。

刚回到故乡时，由于语言障碍和对当地优惠政策的不了解，这位母亲不得不辛勤工作，通过售卖春卷来维持家庭的日常开销。同时，她也坚守着中国的传统观念——"再苦不能苦孩子"，全心全意地照顾孩子们的日常生活，孩子们也自然而然地享受着母亲为他们所做的一切。

这种教育方式与当地人的传统教育理念迥然不同,因此,他们一家不可避免地遭到了周围邻居的议论。看到三个孩子总是依赖母亲,一位邻居责备她家的大儿子:"你已经是个大孩子了,应该学会帮助你的母亲,而不是让母亲独自忙碌,自己在一旁看着。"接着,这位邻居又转向母亲说:"别以为生了孩子,你就是母亲。"

"别以为生了孩子,你就是母亲",这句话乍听起来有一点伤人,可细想之下却是值得深思的:"有孩子"和"做父母"是两回事,并不是等同的关系。生了孩子只是完成了生理意义上的繁育过程,对孩子的成长而言,养育才是至关重要的部分。可是,许多父母并没有认识到这项事业的重要性,直到孩子出了问题,才幡然醒悟,后悔不已。

这些年来,我在"为人父母"的课堂上见证了大量的家庭实例:很多父母在孩子可以被用心"经营"的时候,全心投身到所谓的"事业"中,把孩子的教育问题扔给了学校、老人或保姆。他们以忙碌为借口,忽视与孩子的情感沟通,甚至把自己的情绪发泄在孩子身上,给孩子的心里种下了分离、恐惧、担忧、害怕等情绪的"种子"。这些"种子"在环境适合的时候就会再次爆发,产生负面的效果,影响孩子一生的幸福。

经过多年的打拼之后,这些父母终于拥有了别人眼里的成功,可他们感受到的却是从未有过的失败,原因就是孩子出了问题。孩子让他们感受到了人生的至痛,也让他们最终醒悟:原来,人生最重要的事业不是公司,不是资产,不是业绩,而是为人父母。

父母与孩子之间不只有血缘关系,还有精神上的链接;养育孩子不只是提供物质上的温饱与照料,还要懂得尊重生命成长的规律,用正确的方法爱孩子、引导孩子。**成长只有一次,养育孩子的过程是不可逆的,**

**稍有疏忽就可能造成一生无法弥补的缺憾。**

父母远不止于一个称谓，它肩负着传承祖先基因和创造家族兴旺的责任，透过自己的精神归属来传承家族精神能量，让家族中的每个人都带着这种家族能量过更好的生活。为人父母者必须不断地学习、成长、反省和提升，才能精准捕捉孩子成长的脉动，引领他们向着光明的未来迈进。**在孩子探索世界的旅途中，父母应该成为一座灯塔，帮助孩子树立道德基石，培育他们独立判断和解决问题的智慧，成为孩子生命旅程中不可或缺的向导和知己。**

# 02.
## 好父母不是天生的，是后天学成的

在孩子呱呱坠地的那一刻，许多人自然而然地把自己定义为父母。然而，如何扮演好父母的角色，怎样才算是合格的父母？并不是每个人都知道答案，甚至许多人都未曾深入思考过这个问题。更令人忧心的是，成为父母不需要得到孩子的同意，孩子无法选择自己的出身，而父母的"样本"却会深刻影响孩子的一生。

日本作家伊坂幸太郎说："一想到为人父母居然不用经过考试，就觉得真是太可怕了。"在这个诸多领域都需要培训、学习、持证上岗的时代，父母成了一个无须审核，可以直接"裸考"上阵的职业。正因为此，许多父母在这个岗位上比在真正的职场上更加手足无措，内心也更焦虑、更恐慌、更无助。

一个项目失败了，或是一个产品不如人意，或许还有机会重新开始，可是，如果一个孩子未能得到良好的养育，他的人生是无法按下撤回键的。如果说世界上有哪个职业需要经过无数次的培训、练习才能胜任，那么无疑就是父母。

很多人没有接受过任何的培训指导，没有接触过任何与"为人父母智慧"相关的知识，就直接上任抚养孩子了。这也使得他们在做父母的过程中，不可避免地落入了"养而不教"或"教而不当"的误区，自己却浑然不知。

### 养育孩子的 5 个误区

误区 1：过分强调对孩子的智力开发

孩子刚开始学会说话，很多父母就让孩子背唐诗、认数、识字、学外语，他们被各种教育理念和方法环绕，受到广告和专家建议的影响，在孩子身上实施各种智力开发计划。事实上，智力并非孩子成长的唯一关键因素，健全的人格对孩子的人生影响更为深远。

误区 2：对孩子进行过度的专业化训练

无论是舞蹈、乐器还是歌唱，都是对人素养的一种提升，而不是一定要把孩子培养成未来的舞蹈家、演奏家或歌唱家。有些家长对孩子进行过度的专业化训练，完全忽略了孩子的身心感受和需要时间玩耍的需求。殊不知，艺术是对灵魂的净化和心灵的滋润，喜悦才能提升能量，寓教于乐才能更好地学习和成长。

误区 3：剥夺孩子自主决策的权利

有些家长会不顾孩子的想法，直接替孩子拿主意、做决定。其实，孩子在 2 岁以后就会有自己的想法，家长完全可以通过良好的沟通与孩子建立链接，了解孩子的兴趣与想法，根据孩子的爱好与孩子一起做一些决定与安排。可是，许多父母常常以"都是为了你好"为借口，替孩子做一些自己想要却违背孩子意愿的决定。

误区 4：用错误的方式爱孩子

爱孩子是父母的本能，但不是所有的爱都能化作成长的动力。当父母对孩子过度关注时，孩子在一层层爱的"包裹"下，生长空间和自由度会变得越来越小，没有机会去经历一些挫折和磨炼，而父母也无法接受孩子在外面受一丁点的委屈，削弱了孩子适应社会的能力。

误区 5：忽视孩子的情感需求

社会节奏的加快，让现代人的压力越大越来，父母为了工作奔忙，只好把孩子托付给老人或保姆。从生活层面来说,孩子可以吃饱穿暖,有人照料,可从情感层面来说,他们没有与父母建立情感连接。父母的缺位与情感忽视,会影响孩子安全感和自信心的建立。

看看那些少管所里的孩子,哪个不是在家人的期盼与等待中呱呱落地的?哪个不曾被父母寄予美好的愿望?然而,短短的十几年之后,他们却被关到了高墙之内,有的甚至再也没有机会出来,为什么?这些孩子并不是天生的"坏种",是父母在养育的过程中没有给予他们正确的爱与教养。

## 为人父母是一生中最重要的事业

在"为人父母"课堂上进行个案处理时,不少孩子在我的鼓励之下,说出深藏已久的心里话,而我也目睹了父母在孩子心灵上亲手刻下的伤痕:

"小时候,我爸妈不停地吵架,我就躲在被子里捂着耳朵,我很害怕。"

"我要怎么做,他们才能不吵架?求求你们,以后我会听你们的话……"

"他们为什么要结婚?为什么要生下我?为什么生下我又不管我?……"

"我要考多少分,他们才满意?不如我死了你们就开心了……"

……

我们要如何回答孩子?向孩子解释"爸妈是无心的,不知道会对你造成如此大的伤害"吗?纵然你能够给出一百种解释,你真的有一万个不得已,也未必能够获得孩子的原谅。因为伤害已然发生,无法从生命的经历中抹去。

对于孩子来说,衣服可以换,幼儿园可以换,学校可以换,老师可以换……唯独父母是永远不能换的。一个孩子将来会成长为什么样的人,很大程度上取决于他的父母是什么样的人,取决于孩子在幼年时期所受到的家庭教育。

很多父母没有意识到自己对于孩子成长的重要性，总以忙碌作为借口逃避与孩子的相处。然而，对孩子的教育不可能等待我们过去后再弥补，**事业上再大的成功也弥补不了教育子女失败的缺憾**。为人父母是人一生中最为重要的事业，这项事业的成败决定着我们40岁以后的成就感与幸福感。不管我们之前挣了多少钱，不管创造了多少的财富，如果没把孩子教育好，都会体验到深深的挫败感。

父母代表的是一种责任，一种培养，一种引领，一种传承。真正的父母之爱，是懂得尊重孩子的内心，懂得塑造孩子的价值，懂得给予孩子自由和能量。爱孩子不是表现在你的户口本上有几个孩子，而是一种境界，一种知道，一种做到，一种无怨无悔的陪伴，一种全心全意的付出。

至此，你应该已经意识到了为人父母的责任之重，但这还远远不够，因为有渴望成为好父母的意愿，不代表就能够真正成为好父母，知道与做到之间还隔着一段长长的距离。提升为人父母的智慧，才能跨越两者之间的鸿沟，实现知行合一。

# 03.
## 重新认识你和孩子的关系

我们常常会看到这样的现象：有些父母对孩子的照顾无微不至，可孩子的表现却不尽如人意；有些父母看似对孩子不太关注，一向都是宽松散养，可孩子各方面的表现却很不错……这不禁让人产生了困惑：父母到底该怎样养育孩子？

想要知道如何养育孩子，先得知道父母与孩子之间是什么关系。**为人父母的第一步，就是明晰自己与孩子的关系**。有人说，父母与子女是世界上最亲密的血缘关系；也有人说，父母与子女之间是平等的朋友关系；还有人说，父母与子女是共同成长的伙伴关系……这些说法没有错，但并不全面。

结合多年的工作实践和心得感悟，**我发现父母与孩子之间是一种系统关系，是一种相互影响和作用的关系：父母的思想言行会影响孩子，孩子的表现也会暴露出父母的问题；孩子通过父母建立积极的自我认知与情感发展，父母通过孩子实现内在的丰盈与生命的成长**。概括来说，父母与孩子之间存在四种关系：**教育、爱、修和智慧**。

### 教育：父母的教育，影响孩子的一生

家庭教育往往会影响人的一生，那些在充满爱与智慧的家庭环境中长大的孩子，往往展现出较强的适应力和自信心，能够游刃有余地应对各种挑战，性格中透露出坚毅与果敢，具有领导者品质。相反，在缺乏

正面引导和教育的家庭中成长的孩子，常常表现出焦虑不安、自卑多疑，成年后也更容易情绪失控，难以与人建立深入的联系，做事情容易走极端。

所有父母都期望自己的孩子能够幸福安康地走过人生的每一步。然而，随着社会的快速进步，许多父母开始逐渐忘记了自己的初衷，仿佛只有孩子踏入名校、累积起令人羡慕的财富、获得他人无法企及的地位，才算是教育的成功。殊不知，如果一个人缺乏内心的信念和宁静，即便取得了无数成就，也难以感受到真正的快乐。所以，父母教育孩子应当摒弃功利思想，着重培养孩子愉悦的精神状态和积极健康的心理。

美味营养的食物可以给予孩子健康的体魄，而美好上进的观念却可以滋润孩子的心灵，打造孩子善良、勇敢、自信与乐观的态度。我们陪伴不了孩子一辈子，但传递给孩子的思想观念却可以陪伴他一辈子。所以，教育一定要摒弃功利主义，让孩子学会平和地与自己的内在对话，了解自己真正想要的是什么，而不是盲目追求所谓的成功。

良好的教育就是在孩子的心灵中输入美好的精神食粮，以强大孩子的内心世界，使孩子能够全身心地为自己的理想而努力，坦然地面对生活中的失败和挫折，勇敢地接受一切挑战，在平和与愉悦中度过美好的一生。

## 爱：父母爱孩子，孩子也爱父母

**爱孩子是父母的本能，爱父母是孩子的天性，只是这两份爱并不是完全等同的。**在某些时刻，父母的爱似乎不及孩子的爱来得纯粹。父母对孩子的爱往往附加着各种条件，而孩子对父母的爱却是无条件的。

想想看，在日常生活中，我们是不是经常用自己的标准去约束孩子，期望他们能够满足自己的条件？一旦孩子不能如自己所愿，我们就会感到愤怒甚至发脾气。然而，孩子却总是那么宽容，轻易地就原谅了我们的过失与错误。我们这样真的是在爱孩子吗？或许，不全是爱。有些时候，我们只是在追求满足自己内心的需求，希望孩子能够成为自己所希望的样子。

可能有人会反驳说："不对，我非常爱我的孩子，我对孩子好得无以复加，几乎把我的全部都给了孩子！"其实，这不是爱，而是牺牲。父母经常将自己的行为冠以"爱"的名义，其实有些行为是在害孩子。

爱孩子就应该尊重孩子，通过日常的生活赋予孩子感受爱和享受生活的能力。或许，我们可以从阿拉伯现代小说、艺术和散文的主要奠基人哈利勒·纪伯伦所写的脍炙人口的诗《致我们终将远离的子女》中获得一些启示。

### 致我们终将远离的子女

纪伯伦

你的儿女，其实不是你的儿女。

他们是生命对于自身渴望而诞生的孩子。

他们借助你来到这个世界，却非因你而来，

他们在你身旁，却并不属于你。

你可以给予他们的是你的爱，却不是你的想法，

因为他们有自己的思想。

你可以庇护的是他们的身体，却不是他们的灵魂，

因为他们的灵魂属于明天，属于你做梦也无法达到的明天。

你可以拼尽全力，变得像他们一样，却不要让他们变得和你一样。

因为生命不会后退，也不在过去停留，

你是弓，儿女是从你那里射出的箭。

弓箭手望着未来之路上的箭靶，

他用尽力气将你拉开，使他的箭射得又快又远。

怀着快乐的心情，在弓箭手的手中弯曲吧，

因为他爱一路飞翔的箭，也爱无比稳定的弓。

### ✎ 修：孩子的到来，是为了成全父母

在养育孩子的过程中，我们往往会获得一个个的启示，在不断增加的认知中提升对生命的认识，获得更多的生命能量，成为更好的自己。通过孩子，我们可以看到自己的不足，看到需要改进和成长的地方。正因为如此，我才能够在课堂中通过一些心灵治愈的方法解决一些孩子的问题，而且这些孩子并不需要在现场。

**为什么不需要孩子出现呢？因为孩子没有"问题"，真正有问题的是父母。** 当发现并疏通父母被卡住的生命节点之后，父母的能量流动就会带动家族的能量流动并提升，孩子是家族中的一员，也会从这个系统中得到能量而改变，这与环境可以改变人的行为是一个道理。

孩子的今天就是父母的昨天。孩子今天对你叫喊，那是因为昨天你对他大声训斥；孩子今天对你不耐烦，那是因为昨天你对他没有耐心；孩子今天埋怨你不如别人的父母有权势，那是因为昨天你怪他不如别的孩子优秀；孩子今天自卑懦弱，那是因为你昨天对孩子处处苛求完美；孩子今天崇尚暴力或奴性十足，那是因为你昨天对他非打即骂；孩子今天对你不负责任，那是因为昨天你界限不清……

**养育孩子的本质是父母的自我修行，养育孩子的过程是父母自我成长的历练。** 孩子纯真、无私的灵魂，可以洗涤父母浮躁、功利、自大的心理。父母要通过孩子这面镜子，不断地发现自我、修正自我、挖掘自我，通过改变自我成为孩子的榜样，在遇见更好的自己的同时，成就孩子的美好。

## 智慧：孩子与父母，同属一个家族系统

父母与孩子同处于一个家族系统之中，只有站在系统的角度，运用系统的智慧正确面对自己与孩子的关系，才能够有效地提升自己与孩子的能量，从而传承与提升整个家族的能量。

孩子的问题不是单一的问题，不是一个点的问题，而是一个面、一个系统的问题。比如，父母可以通过改变自己而使孩子得到改变；有时候，孩子有问题，老人也跟着生病，当孩子的问题解决掉之后，老人的病也突然就痊愈了……很多事情都是有系统影响的，系统的一环出现问题，就会导致另一环也出现问题；随着某一问题的改变，其他事物也会发生改变。

父母在家族系统中的作用包括链接和序位。我们现在的一切都和我们的祖先、我们的长辈有密不可分的关系，他们所做的一切都影响着我们的现在，而我们现在所做的一切又都会直接或间接影响我们的孩子以及更远的后人。对孩子而言，父母就是他们与家族系统链接的通道，只有有效地链接才能够使家族能量得到提升和传承。

家族中的每一个人都要在这个系统中得到尊重，如果这种尊重有缺失或者没有及时弥补都会对现在的孩子产生影响和作用。教育孩子是一个系统工程，父母自身成长中的问题如果不能得到改变或者解决，会将这样的问题传承给孩子以及更远的后人。

# 04.

## 人的底层逻辑：父母是原件，孩子是复印件

请大家思考一个问题：我们是生而为"人"的吗？

你可能会觉得这个问题有些"莫名其妙"：我们是人类的后代，生下来就是人，这有什么可怀疑和辩驳的呢？事实上，司空见惯的事物背后，往往都是有科学规律支撑的。

1920年，人们在印度加尔各答的丛林里发现了两个被狼哺育的女孩，大女孩约8岁，小女孩约1岁半。两个女孩被带回孤儿院时，一切习惯都和野兽一样。

她们不会用双脚站立，完全靠四肢爬行；不穿衣服，不肯洗澡，随地大小便；白天经常睡觉，害怕阳光，晚上特别兴奋，每到深夜还会发出非人非兽的叫声。她们不懂语言，发不出人类的音节，不愿靠近他人；不会用手拿东西，喝水用舌头舔，进食时狼吞虎咽，但凡有人靠近，就会发出吓人的呜呜声。

进入孤儿院不到一年，小女孩就去世了。大女孩用了5年的时间才学会走路，可一旦跑起来还是会退回到爬行的状态；她用了2年多的时间，只学会了一个音节"ma"。大女孩活到了17岁，直至离世她也没有真正地学会说话，智力相当于一个三四岁的孩子。

人在刚刚出生时只有自然属性，没有任何的社会属性，所有的生存

技能、社会规范、行为模式等都是在与他人的交互中，通过学习慢慢积累起来的，这个过程叫做"社会化"。

两个女孩虽然是人类繁衍的后代，但她们脱离了人类的社会环境，没有发展出大脑的功能，也不具备人的意识和抽象思维，因而很难成为真正意义上的"人"。

我们之所以成为"人"，不仅仅是因为生物学上的遗传，更在于我们所处的环境、所接受的教育、所经历的事情，以及我们如何理解和处理这些经历。

## 家庭是孩子最初的社会化环境

家庭和父母在孩子成长过程中扮演着至关重要的角色，因为这是孩子最初的社会化环境。他们在日复一日的生活中，不断地观察父母的行为，感受父母的态度、价值观和情绪状态，这些东西都会在无形中被孩子所复制和内化，让他们无意识地重复父母的言行举止。所以，父母的一言一行、一举一动，都可能成为孩子性格与行为的"原件"。

初中二年级的玲玲总是不时地抱怨同学的一些行为："她们自习课上总说话，影响我写作业；课间休息时窃窃私语，好像有什么秘密怕我知道。"她还经常指责老师偏袒，认为老师对某些同学特别关照，对她显得有些冷淡。

玲玲的这些抱怨和指责，让她在班级里慢慢被疏离，同学们觉得她太敏感、太挑剔，老师反馈她缺少自我反思的能力。父母不太理解：一个十三四岁的孩子，怎么会有如此大的负面能量？他们带着这些疑惑找我咨询。

通过分析，我发现玲玲的抱怨习惯与其父母有密切的关系。从小到大，父母总是在饭桌上抱怨社会的不公、领导的不好，这些话刻印到了玲玲的心里，致使她在不知不觉间也带着这样的思想看待社会、看待周围的一切。

这些年来，我在心智家园课程上进行个案处理的过程中，见到过太多类似的情景。父母总以为孩子还小，觉得他们听不懂大人之间的谈话。实际上，孩子在胎儿期就已经有了对于外在的感受和记忆了，只是孩子的语言和能量还无法表达自己的主张而已。

社会化开始于家庭，父母是孩子的第一任老师。孩子通过观察父母的行为、模仿他们的语言和社交互动，学习如何与他人交流、如何处理情感以及如何适应社会。玲玲的个案真实地呈现出了"父母是原件，孩子是复印件"的复印过程，值得我们警醒。

### ▎孩子会真实复刻父母的言行

教育界有这样一句话："孩子的心是块奇怪的土地，播上思想的种子就会获得行为的收获；播上行为的种子就会获得习惯的收获；播上习惯的种子，就会获得品德的收获；播上品德的种子，就会获得命运的收获。"

父母始终处在孩子的默默关注中，无论我们说什么、做什么，都会对孩子的成长产生深刻的影响。因为在孩子天真无邪、不谙世事的世界里，父母的一言一行永远占据着相当重要的位置，他们的生命系统会认同自己的父母，会在不知不觉中模仿自己的父母，把父母的举动真实地"复印"出来，这是家庭教育的规律。

如果妈妈是一位特别注重穿衣打扮的人，孩子一定也很爱装扮自己；如果父母性格开朗、尊卑有序，孩子也会积极向上、尊老爱幼；如果父母善良友爱、勤劳勇敢，孩子也会爱心十足、敢于接受挑战；如果父母相亲相爱，孩子也会内心强大，对未来充满信心。如果父母爱说别人的不是，孩子也会变得尖刻、挑剔；如果父母经常说脏话、粗话，孩子也一定如此；如果父母爱占便宜，孩子也会处处算计……这是家庭教育的规律。

作为父母，我们一定要提醒自己，尽量少给孩子输入错误的记忆和负面的能量。我们吃饭时说的话、在生活中做的事，都会在不知不觉中复印到孩子的心里，影响孩子的未来。

我曾经目睹过这样一个情景：一位母亲大呼小叫地让孩子去洗手，可孩子却像没听见似的，低着头自顾自地看手机。

母亲很生气，大声吼道："你为什么就是不肯照我说的话去做？你为什么非要逼着我骂人？"这时，孩子终于回应了，他无辜地说道："我没有让你那么大声地说话啊！根本就是你自己想骂人的。"

可以想象得到，母亲在听到孩子的回应后，更加地愤怒了。可是，这个孩子说错了吗？他没有说错。每个人都要对自己的情绪负责，母亲不知道如何调节自己的情绪，忍不住爆粗口骂人，把孩子当成释放情绪的通道，最后还把错误推到了孩子身上。

## 原件修正好，复印件才会好

当你在指责孩子、羞辱孩子的时候，他们的感知系统都是开放的，会记下你说过的每一句话，记下你灌输的每一条信念，而它们未必都是对的。当父母这张"原件"上的错误信息，被孩子原封不动地"复制"下来，会发生什么呢？

以真实案例改编的影片《何以为家》中，12岁的男孩向法官状告他的亲生父母，原因是"他们生下了我"。男孩的父母在无力抚养和教育的状况下，依然不停地生育，他们没有给过孩子任何的关爱与呵护，也不允许孩子上学，只把他们当成赚钱的工具。

作为长子的男孩，被迫扛起养家的责任，童年里尽是父母的拳打脚踢与辱骂。父母生了他，却从未养育过他，反而是他一直供养着父母，让他们过舒适的生活。面对法官的质问时，男孩的父母辩驳说："我们也是这样生活过来的，也是这样长大的。"

这个理由令人愤怒——他们完全没有生而不养妄为父母的观念，更没有意识到自己给孩子造成了多么大的伤害。与此同时，这个理由也令人悲从中来——他们不知道如何为人父母，他们也曾是不被父母善待的孩子。

家庭是一所学校，家庭教育是主导孩子一生的基础教育。每个家庭都有着自身独特的运行方式，家庭氛围以及父母的言论、行为对孩子产生深入骨髓的影响，在无形中塑造着孩子的人格品德与基本素质，这是任何学校及社会教育都永远替代不了的。

孩子是父母的影子，孩子是父母的翻版。父母"原件"中的错误与伤害，如果不去纠正和修改，就会原封不动地复制给孩子；如果孩子也不去修正，还会继续复制给下一代。

当父母修正了"原件"，让孩子从小看到父母相亲相爱、相互理解、相互包容、相互信任的幸福画面；看到父母认真读书、勤奋工作的努力身影；看到父母乐于助人、懂得感恩的生动形象；看到父母孝敬老人、团结亲友的美好场景……无论将来孩子身在何处，面临怎样的困境，他都能够从存储在自己心智中的这些美好记忆中获取能量，迎接生活中的挑战，并将这份积极与善意带给身边的人，复制给自己的孩子。

至此，你应该更加深刻地体会到，为什么为人父母要持续不断地学习和精进自己。因为你是孩子的模板，只有让作为"原件"的自己美好一点，再美好一点，更美好一点，你的"复印件"才会变得璀璨和优秀！

# 05.
## 有怎样的"文件包",就会成为怎样的父母

父母是原件,孩子是复印件,原件的样子决定着复印件的样子。想让孩子变好,费力去改变复印件是行不通的,而是要努力地更正原件。那么,父母"原件"是怎么形成的呢?为何你会成为这样的父母?要解决"原件"的问题和不足,又该从哪里入手呢?

### ✎ 育儿先育己:不以为人,何以为父母?

在养育孩子的路上,有的父母可以跟孩子建立融洽的、亲密的关系,有的父母费尽心力却让孩子与自己渐行渐远。从表面上看,这是不同的养育方式所致,似乎只要努力改变养育方式,就能够解决问题。于是,不少父母开始投身"育儿技能"的学习,读了很多育儿的书,听了很多道理,结果真的有用吗?

多数父母都感慨,一旦置身于现实情境中,看到孩子身上出现的各种问题,自己的大脑就变成了一片空白,所有的育儿方法都忘得一干二净,本能地做出和从前一样的反应,过后冷静下来,才又开始懊悔。

此情此景,在生活中不断地循环上演,改变从未真的发生。父母们百思不得其解:为什么我不能成为一个心平气和的妈妈?为什么我没办法跟孩子成为朋友?为什么我在育儿路上总是充满了焦虑?

《礼记·大学》有云:"**物有本末,事有终始。知所先后,则近道矣。**"
万事万物背后都存在规律,很多事情只要找到规律,就可以迎刃而

解。面对亲子教育的问题，如果你总是感到束手无策，或是反复被某些情况困扰，往往是因为你还没有找到问题的本源。

许多亲子方面的课程都将重点放在解决孩子面临问题的技巧上，在我看来，为人父母的课程应当立足于父母的内在改变、父母的内心感受。父母对孩子的了解是一种由内而外的到达，一味地强调孩子当下的反应，不去了解孩子如何成为这样的原因，如同头疼治头、脚疼医脚，很难彻底解决问题。

在"为人父母"的课堂上，我经常会重复一句话：**"不以为人，何以为父母？"我们要先成为一个完整的"人"，才能够成为一名合格的"父母"，正所谓"育儿先育己"**。理解了事物发展的先后顺序，就离掌握生命的规律与智慧不远了。

父母是一种社会角色和身份，想知道为什么你是这样的父母，就得先追溯本源：是什么塑造了今天的你？外在的世界只是一面镜子，反映的是内在的心智结构，一切的发生和经历都只是因、缘、果的契合，并不存在巧合与偶然。

命运来自行为，行为来自思想，而思想是由认知系统与生命系统共同作用形成的。认知系统是我们思想、理性、逻辑知道的部分，生命系统是我们内在、感受、情绪的部分。人生很大程度是生命系统作用的结果。养育方式的差异源于父母思想认知与生命系统的作用，而这些思想大都与生命系统中的"文件包"有关。

## "文件包"理论：是什么塑造了今天的你？

在成长的历程中，个体经历的某一情绪刺激场景中的人物、事物、声音、味道、感受、认知等信息，会经由视觉、听觉、嗅觉、味觉、触觉和意识在心智中留下一些固定的组合，所有的这些信息最终形成一个情绪记忆的"文件包"（包括情绪的主观体验、行为方式、客观场景和认知评价等，也称"情绪种子"），将所有的发生完整无缺地记录下来，成为一个自动反应的程序。日后，每当遇到类似的情景，就会自动地运行这个程序，做出与当时相同的反应和评价。

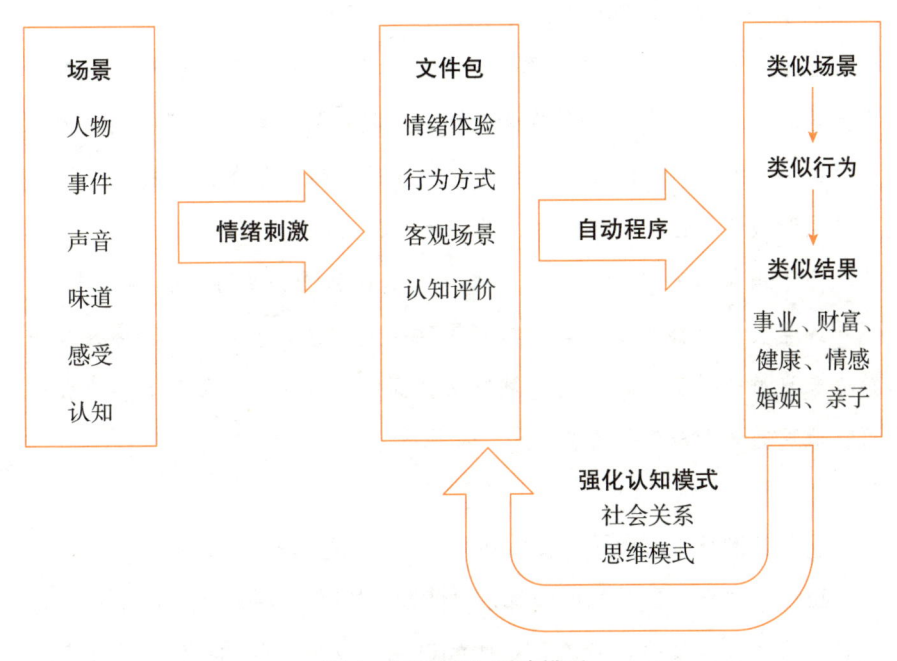

图1 "文件包"理论模型

亲子问题中的"因"，大都源自父母早年的"文件包"。**孩子犹如敏感的"触发器"，总会在不经意间触发父母的生命系统的"程序"，延续过往的行为模式。**理解"文件包"理论，认识生命的规律，也就掌握了教育孩子的底层逻辑。

有一位受访者，五岁时与几个同龄伙伴在河边嬉戏，不料被其中一位小朋友推入水中，险些丧命。幸运的是，一位路过的长者及时出手相救。

这个场景在受访者的生命中形成了一个独特的"文件包"：

视觉——看到几个伙伴与自己在河边打闹的情景。

听觉——听到小伙伴们一起玩耍时的欢声笑语。

触觉——身体感受到河水的冰冷,以及濒临死亡的恐惧。

情感——内心体验到被长者救起时的安全感与踏实感。

这个"文件包"里包含了同龄伙伴、河水、落水的恐惧以及长者的形象等元素,这些信息一旦在未来生活中被触发,就会关联生出其他信息。比如:面对湍急的河流,或是大面积的水域,早年的濒死记忆可能会被重新激活,让他不愿靠近,或即便靠近也会感到不安。

由于当年救助他的人是一位长者,这使得受访者在日后遇到老师、领导或年长且有能力的人时,特别愿意接近,并心生敬意和钦佩,容易建立起良好的关系。然而,与同龄人共同创业打拼,对他而言会比较困难,他更倾向于与年长者合作。

这一案例基本呈现了"文件包"的形成与触发机制。

每一个"文件包"的形成都是事情发生的时候,眼、耳、鼻、舌、身、意感受到的信息集合储存在记忆中的过程。这个储存的过程,由于存在强烈的情绪刺激,导致没有充足的理性判断,以感性认识为主,没有对当时状况中的是非对错、真假虚实进行充分辨别,也很容易造成个体对过往经历的片面认知。

### "文件包"的影响体现在正反两个方面

任何事物都有两面性,"文件包"的影响亦如是。从正向来说,一些"文件包"形成后,会激励人不断做出类似的努力,一步一步实现人生目标;从反向来说,一些"文件包"会成为内在障碍,引导个体不断重复曾经的错误做法,无法向目标靠近。

1994年，我创办了一家金店。在做生意方面，我发觉自己是一个对经营非常敏感的人，因为从9岁就开始学着赚钱，当时虽然赚得很少，但可以买个冰棍、买点零食。可是另一方面，当我开始自己做事业之后，我发现自己总是被骗，而且都是被身边的人、周围的人以及一起合作的人骗。

我非常郁闷，也非常生气，不知道为什么总是遇到这种人，总是因各种原因被骗。那些骗我的人，没有任何的羞愧感，好像不是他们的问题，而是我欠他们的。当我开始研究"文件包"之后，我才明白是因为我小时候的一次经历"导演"了今天的一切。

七岁那年，有一次放学后我想吃冰棍，就偷了奶奶的钱去买了冰棍和一包鱼皮豆吃。回到家后，我看到母亲和奶奶在吵架，听到奶奶责备母亲拿了她的钱也不和她说，母亲则很生气地说自己是清白的，根本没有拿奶奶的钱，奶奶冤枉了她。两个人越吵越厉害，我当时则吓得全身发抖，根本就没有勇气站出来说出真相，只好低头听着她们因为我的不当行为而争吵。我一遍遍地在心里说："等我有了钱一定还给你们。"

这个"文件包"存储着我的母亲和奶奶吵架的情景，这是在我生命中比较激烈的一次争吵，母亲和奶奶因为钱吵架，甚至几天都不说话。这个"文件包"让我对钱形成了两个不同的概念，也对我的人生产生了双重的影响：

1. 钱是好的，我很能赚钱，赚钱对我来讲是很简单的事情，并不是特别复杂。

2. 钱是不好的，有钱我得给我的亲人。

当我开始做生意时，我的奶奶已经不在了，母亲后来也不在了，已经没有条件让我去给她们"还钱"，可我的情绪记忆里已经形成了有钱就给出去的"生命程序"，而且一定是给周围的这些人。

当我了解了自己的这一"文件包"后，我觉悟到，**现实生活中的一**

切都是一面镜子,可以让我们看到自己的心智结构。同时,我也感叹生命是如此伟大,它会忠实地接受思想和由思想所传导出来的振动频率,让人不知不觉做出与之相对应的行为。所以,被骗的经历在我身上发生了三次,我一直循环在自己身、口、意所创造的反作用力中,直至我发现了这个"文件包"的存在,清除了那些负向的情绪种子。如果我不去处理它,它会持续影响我的人生,并在潜移默化中传递给我的孩子。

"文件包"理论是父母自我修行的指导,也是养育孩子的底层逻辑。亲子教育的重心,并不是穷尽所能地改变孩子,而是父母找到并梳理自己的"文件包",清除心智中的障碍,重建属于自己心智需要的程序。当我们把"原件"修整得更美好,就会在潜移默化中影响孩子,从而实现"教育是一个灵魂撼动另一个灵魂"的预期。

# 06.
## 养育路上的难题是父母成长的契机

为人父母是一件辛苦的事,教育孩子不比其他科学课题简单。养育的路上充满了各种各样的挑战,也充满了各种各样的意料之外。在过往的某些时刻,你可能会觉得,孩子是世间最复杂、最难理解的一本书,有太多读不懂、读不透的地方,根本不知道该怎么教育。

然而,当你明白了人的底层逻辑,读懂了生命的规律之后,你就会改变思考问题的视角,从向外提要求(改变孩子),到向内找原因(自我反思)。

透过这样的觉知与洞察,你会有更大的勇气向自己生命内部去做更深层的挖掘和探索;你也会更加深刻地意识到,养育孩子的过程中遇到的每一个难题,孩子身上出现的每一个状况,都是在提醒父母进行反思,也是父母成长的契机。

刘女士是一家企业的行政主管,自孩子出生以来,她便格外重视孩子的教育问题,绝不允许自己因为工作耽误对孩子的培养。她引导孩子自幼聆听音乐,以培养其艺术情操;背诵唐诗宋词,以增强其文化素养。

在社交礼仪方面,孩子也遵循刘女士的教导,学会了礼貌得体和谦逊有序的交往方式。孩子的机智与乖巧赢得了周围人的喜爱。可是,随着孩子一天天地长大,情况却发生了变化。孩子时而变得异常暴躁,时而又显得过分胆怯,完全没有了童年时聪明、懂事的样子。这让刘女士感到十分痛心，同时也充满了不解，她不知道孩子到底怎么了，为什么自己花了那么多心思培养出来的孩子会变成这样？

刘女士带着一连串的困惑找到我，试图找到答案。在沟通过程中我了解到，她把自己工作中的角色带入了对孩子的教育中，把孩子当成了自己的管理对象，把教育孩子取得的成果当成目标。为了取得好的成效，她付出了很多心血与努力，可在这个过程中，她并没有跟孩子沟通，没有获得孩子的认同，只是一味要求孩子必须这么做或者必须那么做。

每个来到这个世界上的人都有自己的使命和特有的个性。随着年龄的增长，孩子的自我意识越来越强，开始追求自由与平等，自然就会从内在来反抗刘女士的管理，也就造成了之前的状况。听了我的解释，刘女士恍然大悟："看来问题全在我身上啊！"最终，刘女士接受了我的建议：改变孩子，从改变自己开始！

我们总是热衷于改变孩子，却从未想过改变自己；我们总是想着去矫正孩子，却不去想孩子的问题到底是怎么出现的；我们总是渴望孩子能成长得更出色，却没有意识到自己才是孩子性格、品质、行为塑造的第一任老师。

有一个12岁的孩子，长期有咬指甲的习惯，指甲已经被咬掉了一半，经常流血。母亲尝试了很多方法让他改正咬指甲的习惯，比如涂辣椒和风油精，可孩子的行为问题并没有得到缓解。无奈之下，母亲将孩子带到我这里寻求帮助。

在我的引导之下，孩子回忆起三四岁时的一段经历：当时，他目睹父母在家里激烈地争吵，将东西砸得满地都是。他感到极度害怕，可是父母怒气冲天，一听到他哭，爸爸就说："再哭，连你一起打！"爸爸的样子很凶，他吓得不行，就把手往嘴里一塞，那样就不会哭出来了。自那以后，每当紧张或害怕时，他都会把手放在嘴里咬着。

经过情志疗法的疏导，孩子释放了内心积压的情绪。四个月后，孩子的指甲恢复了正常，情绪也更加稳定了。

孩子的行为往往与家庭环境和早期经历密切相关，当孩子出现"问题"时，父母需要先做好自我反思：孩子现在不好的表现是什么原因造成的？自己作为父母要承担什么样的责任？思考早年的人生经历在你的生命程序中创造了怎样的"文件包"，这些"文件包"给你和孩子的人生带来哪些影响。

育儿路上的每一个难题、每一次挑战，都是为人父母要修的课题，也是父母成长的契机。**我们希望孩子成为什么样的人，自己就应该先修成什么样的人！** 只要我们对孩子的要求是自己平日里身体力行的，那么教育便是水到渠成的事，孩子自然就会成为我们所希望成为的人。正如古人所言："其身正，不令而行；其身不正，虽令不从。"

# 07.
## 父母 1% 的提升，换得孩子 99% 的幸福

丹·阿兰德在《在养儿育女中长大》一书中说道：

"亲子关系是世间最高贵、最令人欣然为之倾注心血的事物，世界上没有什么东西可以与之相比。同时，为人父母也比世界上任何一种角色更加矛盾，它让人时而满怀希望，时而对希望感到畏惧，时而执拗地坚守自己的立场，时而又愿意敞开心扉向他人寻求帮助。养儿育女是一段全情投入、激情澎湃的旅程，它能让人充分呈现出人性中最美好的一面，也可能会让人表现得像十恶不赦的魔鬼。"

在养育孩子的过程中，父母的优点和缺点都会一览无遗，有时会表现得至善至美，有时也会在一瞬间变得凶神恶煞。父母在孩子面前呈现出的姿态，对孩子的人格与成长会产生长期且深远的影响，一些不好的行为如果不及时更正，可能会"代代相传"。

一个真正爱孩子、有觉悟的父母，不应该只想着让孩子怎样做，而是从自己的成长经历和过程中总结人成长的规律，改变和提升思想认知，学会理解孩子、教育孩子、培养孩子的方法，让孩子不再重蹈自己的覆辙，在幸福中更好地成长。

有一次，我在惠州做演讲，讲到"父母对孩子的教育行为，很多都

是来自自己曾经的经历"时，一个身材魁梧、脸色灰暗、在当地从事幼儿教育的人突然跑上台来对我说："老师，我突然想起，小时候，我的父亲每次看到我不听话时，都会这样用手抓着我的头往墙上撞。"他边说边用手抓住自己的头发，做着往墙上撞的动作，眼中满是怒火，脸上都是愤恨。接着，他用手将自己的头发掀起，让我看他头顶上的伤疤。

我对他说："请你模仿一下孩子惹你生气时你打他的样子。"

这时，他继续握紧拳头做出了抓住孩子头发往墙上撞的动作，只是这次他的脸上不再有刚才的怒气了。我说："请你告诉我，父亲打你的时候，你感受如何，有什么情绪，当时想对父亲说什么。"

他说："我非常害怕，也很恐惧，很想说'不要再撞我的头了'。"于是，我让他摆出刚才用手抓住孩子的头发往墙上撞的动作，并不断重复"不要再撞我的头了"这句话。当他重复这个动作和这句话到第六遍时，内在的情绪一下子就爆发了出来，刚才的平静变成了愤怒，到最后居然大声叫喊起来，在场的六百多人都被这一情景震惊了。

看着他用手抓住自己的头发声嘶力竭地喊叫着刚才那句话，我知道，虽然只是不到五分钟的时间，但这对于他来说却是一种完全的释放与解脱。一个人如果有被压抑的情绪却没有得到正确释放，那么，一旦遇到相同的情景就会将那深藏的情绪再次激发出来，这也就是为什么很多人遇到一些看似平常的事情时却会表现出别人难以想象的反应。

谁又能想到，早年经历中产生的情绪会一直蕴藏在生命系统中影响我们的生活，自己被父母打过的经历会如此完整地复制到自己的孩子身上？更为可悲的是，作为家长，我们很多人还总会为自己的行为赋予"教育"的名义。

经过几分钟的释放，他的情绪慢慢地平复下来，这时我问他："现在你能理解你打孩子时孩子的心情吗？"他说："他也是恐惧和害怕，也很想对我说'不要再打了，我很害怕'。"至此，已经四十岁的他不由自主地哭了起来。不同的是,他这次的哭不是因为怨恨父母对自己的打骂,而是为自己打孩子的行为给孩子造成了伤害而忏悔。

看得出来,他是个很爱孩子的父亲,这次他没有用手抓自己的头发,而是用手捂住了自己的脸。同时,他的身体也不像刚跑上台时那么僵硬,而是柔软了很多,镁光灯下的他就像是一个孩子。

我走上前去,给了他一个深深的拥抱,以此鼓励一个父亲的重生,台下爆发出热烈的掌声。大家共同见证了一个奇迹,看到了一位父亲成功地阻止了自己的不幸在孩子身上重现。那天原定两个小时的讲座讲了四个小时,结束时,那位男士走到我的面前对我说:"我现在全身轻松了很多,感恩老师!"

改变孩子,先改变自己;想让孩子变好,父母要提升自己的思想认知。

在成为好父母之前,要让自己成为一名"学生",虚心学习,深入理解自己与孩子的关系,掌握生命的规律,正视自己真实而不完美的形象,在抚养孩子的过程中不断修正自我,逐步找回并承担起曾经忽视的责任。

为人父母的真正意义,不是为孩子编写人生的剧本,而是借助孩子的存在,实现自我成长的修炼,用充满爱与智慧的生命力量触动孩子的灵魂。只有愿意了解孩子的父母,才能和孩子建立良好和谐的亲子关系,才能更好地教育孩子。如果您爱孩子,希望孩子一生幸福,就要重视自我成长。父母 1% 的提升,换来的是孩子 99% 的幸福!

## 【个案解读】
### 孩子对妈妈的不耐烦，原因让妈妈沉默了

在课堂上，一位学员分享了她和儿子的沟通困境：她的儿子已经25岁了，每当她"重复"叫儿子几次时，儿子便会显得烦躁不安。虽然儿子平时不太发脾气，可一旦涉及重复性的要求，儿子就会特别不耐烦，甚至表现得很愤怒。

在进一步的交流中，我了解到：在过往的二十几年里，这位家长都是以"吼"的方式跟孩子沟通。在孩子小的时候，这种高压式教育起到了一定的效果，可随着孩子慢慢长大，这种方式不仅开始失效，还加剧了孩子的情绪反应。

"文件包"理论告诉我们，人在成长过程中会不断积累情感和记忆，每一个"文件包"都包含了我们对某种情境的反应和处理方式。尤其是那些未曾被有效处理的负面情绪，它们会被潜移默化地存储在我们的情感记忆里。

孩子从小受到了高压教育方式的影响，妈妈的"吼叫"在孩子的内心深处形成了情感的积淀。每一次重复的指令、每一次不耐烦的回应，都会激起过去的那些情感记忆，尤其是对"吼"的不满和恐惧。

这些情感没有随着时间的推移而自动消失，反而在与妈妈的互动中不断复苏。孩子在面对妈妈的重复要求时，生命系统中会感受到曾经的压迫和痛苦，从而激发出反抗情绪。尽管表面上孩子可能依然"懂事"，但内心的反感和压抑无法避免地在行为中显现出来。

这一个案在现实生活中很常见，父母需要理解并接纳"文件包"理论，通过孩子的情绪反应和行为问题，认识到是哪些原因所致，避

免无意识地再次触发孩子的情绪记忆。同时,尝试站在孩子的角度去理解其反应,学会倾听,真正关心孩子的内心需求,而非仅仅关注表面的行为。改变沟通的核心,其实是建立一种新的情感连接。

父母的角色不仅仅是孩子成长的引导者,更是自身成长的实践者;父母的责任不仅是对孩子进行教育,更是为孩子的心灵塑造一个健康的环境。孩子的成长往往映射了父母的成长轨迹,只有通过父母与孩子共同成长,才能为孩子的人生创造一个更加幸福的起点,帮助孩子建立起对自己、对他人、对世界的积极认知与信心。

如何为孩子创造一个幸福的"文件包"呢?

一方面,父母要从自己做起,审视自己的行为和情感反应,确保自己不会在无意中给孩子带来负面的情感记忆;另一方面,父母应通过积极的沟通和情感共鸣,与孩子共同建立一个充满信任与理解的互动模式。每一次与孩子的交流,都应是一个情感积淀的过程,创造一个充满爱的"文件包"。当孩子能够从父母那里获得理解、支持和无条件的爱时,他们就能够建立起健康的自我认知和情感模式,面对生活中的挑战时会更加从容和坚定。

# CHILDREN
## Parent's Greatest Journey

辑二

孩子的
问题都是
父母的问题

我们总是纠结于孩子出现的这样或那样的问题，却从来没有从自身的行为和心灵上找原因；从来都只认为孩子应该如何，却忽略了其实我们眼中的孩子就是我们自己。当我们的内心缺少安全感，就会对孩子过度保护，让孩子变得胆小怯懦；当我们内心充满了焦虑，就会处处限制孩子，让孩子失去创造力……孩子的问题，其实都是父母的问题；父母的问题解决了，孩子自然也会好起来。

# 01.

## 教养方式定格孩子的人生底色

一个人的生命走向和性格成长，往往是受原生家庭的影响。父母的教育方式很大程度上决定了孩子会成为一个什么样的人，父母对孩子有什么样的态度，孩子就会有什么样的表现。父母既可以成就孩子的一生，也可以毁掉孩子的一生。

### 父母的教养风格，决定孩子的性格

如果父母采取积极的教育方式，鼓励自主性、责任感和积极性，这些特质可能会代际传递下去，帮助后代在工作与生活中取得成功；如果父母采取压抑、限制或消极的教育方式，这些特质也可能会在后代中传递，影响他们的人生发展与成就。

生活在宽容之中的孩子，学会的是慷慨；生活在赞美之中的孩子，学会的是自信与自爱；生活在安全之中的孩子，学会的是信任；生活在友善之中的孩子，学会的是关爱。

生活在批评之中的孩子，学会的是指责；生活在敌意之中的孩子，学会的是怨恨；生活在嘲笑之中的孩子，学会的是害羞；生活在羞辱之中的孩子，学会的是自责。

父母"望子成龙"或"盼女成凤"的愿望能否实现，取决于父母能否对孩子进行正确的家庭教育。可是，现实中有很多家长在教育孩子时，常常会忽略这一点。

我在处理个案时，见到过不少这样的情形：孩子的学习成绩稍有下降，父母就劈头盖脸地训斥、阴阳怪气地嘲讽，甚至对孩子执行所谓的家法：各种体罚甚至拳脚相加。

这些行为会严重伤害孩子的身心健康，给孩子留下难以愈合的心灵创伤。即使父母事后对孩子表示关心和鼓励，亦不能使孩子痊愈。久而久之，孩子就会越发产生叛逆的心理，对父母抱有抵触情绪。

当孩子犯错时，父母没有采用能够让孩子心悦诚服的教育方式，而是选择简单粗暴的手段；总是对孩子抱有过高的期望，却又没有和孩子及时进行有效的平等沟通，这就很容易导致孩子产生逆反心理，对父母滋生仇恨的情绪。

我曾见证了一对原本关系融洽的母女，因为母亲对女儿的要求过于严苛，最终导致孩子对母亲心生怨恨。

这位母亲很爱自己的女儿，为了让女儿能够接受优质的教育，早日学有所成，她主动承担了家中所有的事务，唯一的期望就是女儿能够专心学业。为了女儿能更快地提升成绩，她不断给女儿增加课后练习的数量，女儿每天都要学到深夜。特别是在寒暑假或周末，堆积如山的作业让女儿几乎透不过气来，连基本的休息和娱乐时间也被剥夺了。

渐渐地，女儿对学习的热情逐渐消退，与母亲的关系也日渐疏远。面对繁重的课业和母亲施加的压力，女儿甚至萌生了一个可怕的念头——希望母亲消失。

关注孩子的成长，希望孩子成为一个优秀的人，这样的初心与期望没有错。可是，父母往往会忽略一个问题：孩子愿意按照你安排的方式去生活吗？个案中的这位母亲，从来没有考虑过女儿的感受，问问孩子想要什么，母女之间缺乏真诚、平等、有效的沟通。学习固然是重要的，但学习不应该成为孩子生活的全部。哪个花季少不也渴望享受玩耍和游戏的快乐，充分体会生活的乐趣？

### 有什么样的思想，就有什么样的人生

女孩小陈十几岁时，父亲有了外遇，母亲总是用夹杂着愤恨的语气骂道："男人没有一个好东西。"她同情母亲的遭遇，很自然地站在母亲这一边，并对父亲心生怨恨。十几年过去了，她长大了，也开始建立了亲密关系。然而，她对自己的男朋友却本能地带着一份怀疑，总是不断试探对方的态度，极度没有安全感。

女孩在亲密关系中的问题，和早年的经历密切相关。在听母亲讲述"血泪家庭史"时，身为孩子的她，生命系统是打开的，所有的情绪都存储在细胞中，形成了一个"文件包"。虽然母亲指责抱怨的人是父亲，可在孩子的世界里，父亲就是男人，男人就是这个样子，"男人没有一个好东西"这句话所形成的"文件包"一直存在，让她内心深处对男性不敢完全接受。

父母的教育方式和家庭环境是孩子成长的土壤，孩子在这样的土壤中汲取养分，形成自己的思想与观念。**有什么样的人生观和价值观，就会有什么样的生活与命运。**心理学家和教育学家普遍认为，早年的成长环境与父母的教养方式决定着孩子未来人格是否健全。

一些父母常常以打骂来迫使孩子用功，以便以后能找到所谓的好工作。这些喜欢打骂孩子的父母不知道，打骂很可能剥夺了孩子本来就很脆弱的人格尊严，这比用功不用功的问题严重得多。**父母要让孩子在应该建立人格的时候建立人格，在应该拥有尊严的时候拥有尊严。**

人格的成长并不会自动发生，是个人与家庭环境共同造就的，就如同植物生长也需要种子和环境。

孩子的心灵是稚嫩的，很容易受父母情绪的影响。你用什么样的方式对待孩子、对待生活，就会给孩子种下什么样的思想观念。它们不仅决定着孩子现在的状态，也影响着孩子将来的生活。种瓜得瓜，种豆得豆，人的成长也是如此，教育孩子更是如此。

如果你发现孩子总是对你大声嚷嚷，你不妨反思一下：你和孩子交流时的语气和方式，是否也存在同样的问题？如果你发现孩子越来越不愿意和你交流，你不妨回想一下：孩子年幼的时候你是怎样与他们相处的？你是否给予了孩子足够的倾听与理解？

如果你发现自己的话在孩子心中失去了分量，请你先思考一下：你与孩子之间的亲子关系是否足够亲密和健康？如果你发现自己期望孩子具备的优秀品质似乎都与他们无缘，而你所不希望看到的不良习惯却在孩子身上屡见不鲜，虽然这让你感到忧心烦恼，但你还是要扪心自问：在孩子更小的时候，你是否给予了他们足够的关注和正确的引导？

# 02.
## 不是孩子的问题，是父母用错了方法

人的生命是在不断地自我学习中逐渐完整起来的。我们最早的学习环境常常是父母有意或无意打造的，大多数人在正式成为父母时都还没有受过"如何为人父母"的教育，也没有建立"培养孩子健全的人格"，以及孩子一生的成就在于"心灵成长的过程"这种现代意识的思维，所以不少父母在教育孩子的过程中都会用错方法，致使孩子出现各种各样的状况。

### ✎ 错误1：不经意间重复上一代的教育模式

许多父母尚未意识到"为人父母是需要学习的"，也不了解教育的规律，他们只是在遵循一条自己熟悉的，不需要额外学习的教育路径——复制父母曾经教育自己的模式。

在"为人父母"的课程中，陈女士分享了她自己的成长经历。

从上大学开始，她就表现出了超越同龄人的自立与坚强，不仅在学习方面很要强，平时还会到快餐店打工，假期到商场做促销员。宿舍里的同学都劝她："你一个女孩子，为什么要让自己这么辛苦呢？"她说："我自己不要强，还能指望谁呢？"

她这么要强，是因为从小就没有享受过父母的关爱与呵护。从小到大，父母总是用"没用""废物"等词语来斥责她。她说，父母这么做是为了让自己脸皮厚点儿，不至于遇到一点事情就被击垮。父母骂了她二十多年，她也承受了二十多年，直至结婚生子。

有一次，她3岁的儿子因为一点小事哭闹不止，看到儿子哭哭啼啼的样子，她顿时火冒三丈，一边推搡孩子，一边大声地斥责："哭什么哭？哭是最无能的表现！瞧你这没出息的样子，将来也是个废物……"

说出这些话的一瞬间，她感觉后背发冷，忍不住流下眼泪。她突然发现，自己对待孩子，与父母当年对待自己的方式，没什么两样。她无比厌恶父母对自己的羞辱，而今她却复刻了父母的样子，用同样粗暴残忍的方式，对待自己的孩子。

为什么陈女士会用粗暴的方式对待自己的孩子？原因就是，早年的她也曾被父母如此对待，她对孩子所做的一切，不过是沿袭了父母的教育方式而已。这种重复父母打骂的行为，其实是在释放童年时候积累的负面能量。

这些父母在某些时刻也会对自身打骂孩子的行为感到懊悔，却又发现自己难以控制这种情绪和行为。**他们一方面想摆脱童年时期父母给自己留下的阴影，一方面又不自觉地重蹈覆辙。**如果不能充分觉察并积极寻求改变，这种负面的教育模式还会持续传递下去。

时代在飞速发展，培养面向未来的孩子，需要提升为人父母的维度与境界。我们不能再用上一代的思想和方式来教育下一代。父母的人生经历和习惯在很大程度上和孩子是不一样的，我们要成为有觉悟的父母，主动做出改变，不让粗暴教育的伤害延续下去。

### 错误2：盲目地规划孩子的人生

2019年9月，一位来自广东的14岁少年，因厌学陷入困境，他经常念叨："我不想活下去了。"有时候，不知道父母哪句话说得不对，孩

## 辑二　孩子的问题都是父母的问题

子就躲进柜子里，许久都不肯出来。为了寻求帮助，父母驱车三个多小时，带着孩子一起找到我。

父母跟我说，他们并不期望孩子学业成绩多么优异，只希望他能安心上学。他们从不给孩子施加任何压力，在家中也不让他承担任何家务，只让他专注于学业。然而，在跟孩子的沟通中，我听到了孩子内心深处鲜为人知的声音：虽然父母没有明确要求他必须取得优异的成绩，却总是告诉他，家务事不需要他操心，只管专心学习。这让他倍感压力：如果自己学习不好，怎么对得起父母呢？

在对孩子进行情绪疏导的过程中，我还捕捉到了一个重要的信息：孩子在学校里遇到了困扰，有同学背地里说他坏话，这让他开始讨厌校园生活。回到家后，父母又不能与他进行有效的沟通。所以，他就只想躲起来，甚至产生了轻生的念头，试图摆脱这一切。

通过情志疗法，我帮助孩子释放了在同学和父母间积累的情绪。情绪得到释放后，孩子的生命状态有了显著的转变。随后，我又与孩子的父母进行了深入的交流，并提供了一系列指导，告诉他们如何引导孩子，如何与孩子沟通。鉴于孩子对绘画的热爱，我建议父母通过绘画来重建与孩子的联系。经过一系列的努力之后，孩子终于顺利地重返校园。

面对孩子出现的问题，父母不仅要用理性的逻辑去思考原因，更要用真诚的内心来感受孩子的心灵。父母平时的一言一行，都体现着教育孩子的观念与爱孩子的态度，盲目地使用各种方法培养孩子，不反思自己的教育理念，不改变自己不当的思想与行为，往往会适得其反。

在上述个案中，父母总觉得只要孩子学习好，其他的事情都不用管，看似在为孩子营造专心学习的环境，可孩子感受到的却是莫大的压力，他害怕辜负父母的心意。父母给了孩子很好的物质条件，却没有给予精神上的关怀，不了解孩子真实的想法和喜好。孩子的情绪压力长久不能释放，自然就会出现心理或行为上的问题。

从事生命教育多年，我深刻地体会到，每个孩子来到这个世上时都是很快乐的，都带有自己的个性，有的却在父母的教育下变得不快乐了；孩子本来学得很好，觉得学习是件很简单、很容易的事，可是往往却在父母的教导下觉得学习是件很困难的事。天下没有全是问题的孩子，父母也都是爱孩子的，只是很多时候父母用错了方法。

**你的世界不是我的世界，我的世界也不是你的世界。** 人与人有着很多差异，每个人都是独立的个体，有着自己的能量源泉和成长道路，即使是有着血缘关系的父母子女，也要彼此尊重。每个人来到这个世界上，都带着不同的基因和要完成的"功课"，父母完全依据自己的理解去指导孩子，往往是事倍功半，因为孩子从父母的言行中感受到的信息，与父母真正想要表达的东西截然不同。

## 错误3：过分强调养育的"技术手段"

有些家长已经意识到了教育方式对孩子的重要性，主动选择去学习很多听起来很有价值的、所谓的打造优秀孩子的教育理念，并在孩子身上反复"实验"。可是，当"实验"结果不符合预期时，他们又把责任抛给了孩子，想当然地认为是孩子不服管教、不成器。

我清晰地记得，曾经有一个人来找我说，他要创办"教育孩子的N种方法"课程，让我提一些建议。我告诉他："**教育孩子不是靠方法，而是靠德行！**"他没有理解我的话，拿着那些想让我看而我没看的资料无奈地走了。看着他的背影，我很感叹："**孩子又不是物品，怎么能用技术或方法来进行管理呢？**"

人有着认知系统和生命系统，人有身体上的需要，更有精神上的追求。人与人之间有差异，人是环境的附属品，且在很大程度上受集体意识的影响。即使那些教育孩子的方法是好的，但如果我们将技术应用于孩子，就一定会在某种程度上抹杀孩子的天性。

这些年来，我接触到的一些患有所谓抑郁症或孤独症的孩子，其中大部分是父母用自以为是的"技术手段"缔造出的恶果。**很多父母以"教育"的名义将自己的孩子变成了自己不想要的样子，却还在愤世嫉俗地埋怨环境、埋怨孩子。**岂不知，错在己身！

孩子的成长发育是一个具有整体性的、复杂的、立体的、动态的发展系统，各个部分之间紧密相关，彼此影响，比如：孩子的身体健康状况不好，也会影响到情绪状态和学习状态。如果用应对简单体系的手段对待一个富有生命力的孩子，最后就会把孩子变成一个善于学习、考试却丧失人格的机器。

孩子的成才与优秀并不在于教育的技巧或方法，而在于父母的觉悟！为人父母，我们要提高自己的认识水平，提升自己对生命规律的了解和认识，懂得尊重生命，站在更高的维度去审视问题，让家庭教育、社会教育和学校教育有机地融为一体，用爱、用心、用智慧，引领孩子健康成长。

# 03.
## 透过孩子照见自己的生命状态

人的智力是按照感知运动思维、具体形象思维、抽象逻辑思维的顺序发展的，要先通过眼、耳、鼻、舌、身、意的知觉来认识事物，再慢慢形成概念，以此为基础建立概念与概念之间的联系。感觉构成了孩子对世界的初步认知，而认知又催生了思想的种子。思想如同一个指挥官，引导着孩子的行动，行动的结果串联成了人生的轨迹。

### 父母传递的情绪感受，会存储到孩子的生命系统中

人很重要的一部分认知来自小时候的经历。由于幼时的思想还未成熟，家庭成员的思想、言语和情绪会通过眼、耳、鼻、舌、身、意的感觉形成"文件包"存储在孩子生命系统中，编制成一套生命程序，伴随着孩子年龄的增长而发挥作用，影响孩子的生活与命运。

这种影响从孩子尚在母体中时就已经形成。十月怀胎期间，如果父母恩爱、家庭关系融洽、妈妈拥有稳定的情绪状态，出生的孩子也会好带，身体也会相对健康；如果父母双方不断争吵，母亲情绪波动大，出生后的孩子就会明显难带，也更容易生病。

刘女士性格颇为倔强，脾气也很暴躁。她在怀孕期间，因为一件小事与爱人大吵了一架，当时她还掀翻了桌子。自此，刘女士便与丈夫及公婆等人产生了隔阂，人也由原本的爱说爱笑变得孤僻起来，情绪一度

十分消沉、低落。

刘女士的孩子出生时，体重仅有五斤多，喂什么也不爱吃，总是哭闹不止，非常难带。婆婆主动来照顾她坐月子，但她依旧很不高兴，基本不跟婆婆说话。孩子长到四五岁时，性格特别孤僻，不合群，对父母也没有亲近感，很爱生气。

随着年龄的不断增长，孩子变得越来越不听话，不但不爱学习，而且经常逃课，生活中更是偏食、懒散、任性，每当父母教育她时，她都强词夺理，全然不顾父母的感受。

面对孩子的这种状况，刘女士感到无可奈何，可是又能怪谁呢？身为母亲的刘女士，不懂得调节自己的情绪，把怀孕和哺乳期间的情绪感受传递给了孩子。由于她没有意识到自己的行为会给孩子带来伤害，致使孩子在耳濡目染之中也变得任性、爱发脾气、不懂得体谅他人的感受。

子女的性格都是父母铸造的，子女的行为表现都源于生命系统中父母种下的各种情绪感受。既然感觉决定行为，那我们在养育孩子时就要正本清源，从自身的素质改造做起，在孩子的生命系统中种下良好的种子，从根本上为孩子塑造良好的性格。

### 孩子的状态是镜子，映射出父母的生命状态

许多父母在面对孩子的问题时一筹莫展，他们为孩子身上出现的各种症状焦虑，却不知道为什么会出现这样的状况。其实，孩子的各种症状大都源于心灵，因为心中有"挂碍"才会出现各种所谓的"疑难杂症"，而这些"挂碍"的形成大都与父母有关。

几年前，邻居引以为傲的孙子在入学军训时，一言不合竟用玻璃瓶击伤了同学的头部。尽管事后他与父母一同前往受伤同学家中，诚恳地

致歉并给予了相应的赔偿，但学校还是对他作出了退学的决定。这起事件让我深感痛心，也让我百思不得其解：在我的印象中，多年前他是一个乖巧懂事、惹人喜爱的小男孩，是什么让他变得如此敏感暴躁，如此冲动且不顾后果呢？

经过了解，我终于明白了个中缘由。原来，十几年来，他父母的关系发生了很大变化。原本相亲相爱的夫妻，因为不能适应平凡生活中的诸多变迁与琐事，开始相互指责与埋怨，争吵成了他们的家常便饭，打架也屡有发生……更严重的是他们经常拿孩子出气，对孩子不是打就是骂，而且从不分场合。孩子在这样的家庭中成长，又怎会不敏感暴躁呢？于是，随着时间的推移，当年活泼可爱的孩子逐渐变得内向、反叛了。

家不再是原来的家，父母不再是从前恩爱的样子，在这样的家庭环境中生活，孩子的心理和行为怎么可能不受影响呢？他之所以会在军训时做出粗暴的行为，是因为多年来积压的委屈与愤恨已经抵达了极限，同学说的那一句让他恼火的话，只不过是一根导火索罢了。

孩子是一面镜子，映射出来的是父母的影子，有什么样的父母就会有什么样的孩子。父母的情绪状态、夫妻之间的关系，时时刻刻都在影响着孩子。那些在人格上出现缺陷的孩子，有些是经常遭到父母的打骂，有些是父母长期不在身边，还有些是父母总是忙于工作或玩耍（玩游戏、打麻将等），没有给予孩子很好的照顾，也忽视了孩子的心理需求。

### 孩子的问题是"果"，父母的问题是"因"

许多家长走进"为人父母"的课堂，最初的心愿都是想要解决孩子的问题，他们迫切地追问——我的孩子怎么了？他为什么会有这么多的情绪？他为什么不听话？他的学习为什么会这样？我要怎么去处理这些问题？殊不知，这些问题的答案，就在父母自己的身上。

## 辑二　孩子的问题都是父母的问题

我们在这个世界上所看到、经历的一切，都是在让我们觉悟。我们总是纠结于孩子出现这样或那样的问题，却从来没有从自身的行为和心灵上下功夫；从来都只认为孩子应该如何，却完全忽略了其实我们眼中的孩子就是我们自己；我们虚幻地以为自己是完整的存在，以为可以通过各种技术"修剪"我们充满个性的孩子，使之变成我们认为的"优秀"或"幸福"的样子，却忽略了真正的教育应该从自己开始。

孩子的所有问题都只是"果"，我们要从自己的身上去寻找"因"，要去认真思考：是什么让我的孩子变成了今天的样子？不要一心想着怎样去改变孩子，要学会透过孩子的状况看见真实的自己，把关注的焦点从孩子身上转移到自己身上。当我们能够透过孩子的行为表现回顾自己的生命状态时，就拥有了一个自我修行的机会。从这个层面来讲，我们应当感谢孩子，是他们的到来，为我们创造了成长的契机。

教育不是方法论，而是一个情志疗法的过程。父母做好自己，就是给孩子最好的教育。如果父母没有修好自己的功课，不仅无法成为助力孩子成功的"垫脚石"，还可能会成为阻碍孩子健康成长的"绊脚石"。

如果你是一个有安全感的父母，你就会充分地信任孩子，允许孩子按照天赋秉性自然成长。反之，如果你是一个充满焦虑的父母，你就会在无形中给孩子制造恐惧，让孩子变得敏感多疑、患得患失。如果你是一个悲观的父母，就会用消极的目光看待所有，并将这种负面的思考方式潜移默化地传递给孩子，让孩子在遇到问题时，只知道自暴自弃，不懂得积极思考。

父母是原件，孩子是复印件，想让孩子变成什么样，自己要先树立一个榜样。底层的问题不解决，再多的方法和技术只能短暂地发挥效用，治标不治本。我们要成为一个真正爱孩子、有觉悟的父母，在自我完善的过程中赋予孩子生命的源动力。

# 04.
## 理解亲子关系中的投射效应

在处理家长和孩子之间的问题时,我经常会遇到这样的情况:面对孩子的某些行为表现,父母总觉得孩子"有问题",试图用各种办法去改变孩子。可是,经过详细的了解之后,我却觉得孩子没有任何问题,真正的"问题"在父母的心里。

### 谁制造了"有问题"的孩子?

7岁的男孩多多,很喜欢玩乐高,以前他可以安静地拼上20分钟,非常地专注。现在,他总是一边拼乐高,一边唠唠叨叨地说话,妈妈就觉得他不认真,注意力不集中。

真实的情况是不是这样呢?

认真观察了多多拼乐高的过程之后,我发现孩子说的那些话并不是毫无意义的"唠叨",他是在给乐高玩具搭配"场景",在脑海中建构"故事",给玩具注入灵性与活力,展现出了丰富的想象力和创造力。

同样一件事情,同样一种行为,为什么多多的妈妈看到的是孩子注意力不集中,而我看到的是孩子富有想象力和创造力?这两种截然不同的看法是怎么产生的呢?

爱默生说:"人是思想的产物。"人只能做出思想范围以内的选择,不会有超越思想范围以外的行为。面对同样的外部境遇,不同的思想促使人做出不同的解释和行为反应。多多的妈妈认为,一边说话一边做事就是不认真、不专注,所以看到孩子一边玩乐高一边说话,她就本能地用自己的思想去解释孩子的行为,实际上这是一种投射。

1974年,心理学家希芬鲍尔开展了一项实验:

他邀请了一批大学生参与测试,并将他们随机分成两组,给其中一组学生观看喜剧电影,营造出愉悦的心情;给另一组学生观看恐怖电影,让他们产生紧张的心情。随后,希芬鲍尔向这两组学生展示了同一组照片,并要求他们对照片中人物的面部表情进行解读。

实验结果显示:观看喜剧电影并感到快乐的学生认为,照片中的人物表情是快乐的;观看恐怖电影并感到紧张的学生认为,照片中的人物表情是紧张和恐惧的。

这一实验结果揭示了投射效应的存在,即当人们不知道他人的具体信息(性格、偏好、观念、情绪等)时,往往会不自觉地将自己的想法和情感状态投射到他人身上。在亲子关系中,**父母常常会把自己对某件事情的理解投射在孩子身上,武断地给孩子的行为"贴标签"**,在一次又一次的误会中,加深彼此之间的矛盾,让关系变得越来越远,孩子也越来越不愿意和父母沟通。

妈妈发现孩子的作业有问题,希望孩子尽快改正,可孩子却说:"我待会儿再改,有点累。"听完这句话,妈妈很生气,冲着孩子说道:"你就是懒,不想改!"

在妈妈看来,只要提出问题,立刻就得改,不改就是懒。然而,这都是妈妈自己的想法和认识,孩子并没有想过偷懒,他白天在学校做了一整天的卷子,确实感觉很累,只是想放松一下,没想到却被妈妈说成"懒"。

孩子的真实感受没有得到妈妈的理解和共情，烦躁的情绪顿时在心中腾起，他也不想再做任何解释，索性就回怼了一句："对，我就是懒！怎么着吧？"

在一个家庭系统中，孩子是花，父母是根，如果花朵有问题，多半根也有问题。很多时候，并不是孩子叛逆不听话，也不是孩子真的出了什么问题，而是父母把自己的想法和问题投射在了孩子的身上。

孩子尚未发展出独立的自我意识，当父母长期给他贴上不好的"标签"——"你就是懒""你没出息""你什么也做不好"，孩子就会接受父母的投射，认为自己就是这样的人，从而产生相应的行为，这就是投射性认同。

在亲子相处的过程中，父母的投射常常以两种形式呈现：**一种是把孩子当成"理想自我"的化身**，自己早年经历的不幸和缺失，发誓不要让孩子再体验，自己从前渴望拥有的、自认为好的，统统都给予孩子；**另一种是把孩子当成"丑陋自我"的化身**，把自己不喜欢的、无法接纳的特质，统统投射在孩子身上。

### ✎ 把孩子当成"理想自我"的化身

"小时候家里穷，吃穿用都很匮乏，经常遭到别人的奚落。现在我很努力地赚钱，就是为了给孩子好的物质条件，不让他受苦，不让他被人嘲笑。"

"以前没有条件好好读书，我也吃了没文化的亏，所以我特别重视对孩子的教育投资，希望他和我不一样，将来可以出人头地。"

"我现在就是要给孩子充分的自由，他想做什么，我都支持他。父亲对我的管束太多了，我的成长是在压抑中度过的，从来都不敢表达自己真实的想法。"

## 辑二  孩子的问题 都是父母的问题

在养育孩子的过程中，许多父母都有与之类似的想法，对于自己从前经历的种种不堪与不甘，不希望孩子重新经历。这种补偿心理是人之常情，可如果父母对这种心理缺少觉察且补偿过度，就很容易出问题，最后导致事与愿违。

你渴望给予孩子最优越的成长环境，不忍心让他们承受一丝一毫的辛苦。可是，生活不是一帆风顺的，你无法永远守护在孩子身边，为他们解决所有的挑战。设想一下：当孩子离开温暖的家，独自面对外面的世界，如果他们无法适应、不知道如何与人相处，缺少面对挫折的勇气，你能说这一切都是孩子的问题吗？

你渴望给予孩子更多的自由，满足他们所有的愿望，可是，没有规矩和界限的自由，并不是真正的自由，而是一种纵容。如果有一天，孩子变得任性妄为，对任何人的劝告和建议都充耳不闻，我们能把责任全都归咎于孩子吗？

我曾经见过这样一位妈妈，她望着自己蹒跚学步的孩子，觉得他是那么得特别。每当孩子拿着玩具锤子好奇而顽皮地敲打她的腿时，她总是带着骄傲和微笑面对这一切。她来自一个恪守传统、家教严格的家庭，父亲曾阻止她追求医学的梦想，这份遗憾在她心中化作了深深的怨恨。

当她怀上孩子后，便毅然决然地离开了孩子的父亲，全身心地投入到抚养儿子的事业中。似乎孩子的出生不是为了别的，就是为了帮助她实现对自由的极致追求，弥补她那曾经的遗憾。儿子成了她体验无所不能感受的载体，她甚至鼓励孩子去无所顾忌。在这份基于幻想的亲子互动中，这位妈妈将膨胀的自我投射到了孩子身上，通过孩子体验到了一种不受限制的自由。

过度补偿，不过是把孩子当成了为满足理想而生的"另一个自己"，希望在孩子身上实现自己未能实现的梦想，在孩子身上体验自己渴望的亲子关系。在这样的养育模式之下，父母很容易变成孩子的"奴仆"，不惜付出一切去满足孩子；孩子也很容易被卷入各种荣誉竞赛中，成为父母满足自我成就感的"工具"。

### 把孩子当成"丑陋自我"的化身

当父母把理想化的愿望投射在孩子身上时，一旦孩子表现得不够好，哪怕只是很普通的缺点，父母也会反应过度。因为孩子就像一面镜子，父母透过这面镜子看到的是自己无法接受的某些特质。当这些特质每天呈现在眼前，映射出自己内在的缺失时，父母就会感到不舒服。为了逃避这种不适的感受，父母往往会指责孩子，迫切地想要孩子做出改变。比如，有的父母对自己的"口腹之欲"感到羞耻，一旦看到孩子进食过快、食量大，或是喜欢吃零食，就会给孩子贴上"贪吃"或"贪婪"的标签。

通常来说，**父母内在的缺失和恐惧越多，在孩子身上看到的"问题"就越多。恐惧会萌生出掌控欲，内心越是害怕，就倾向于去把握住某些东西，以便让自己获得安全感。**父母对孩子的种种挑剔，其实是对自己的不满意和不接纳。

**很多父母对孩子的教育，并不是出于爱，而是出于恐惧。**无论是对孩子过度宠溺，还是过度严苛，其实都是恐惧的化身。如果你还是一个有许多问题尚未解决的父母，又怎能培养出不出问题的孩子呢？

在家庭教育中，想要解决孩子的问题，先得解决父母的问题。当父母没有问题了，孩子自然也会变好，这是教育的规律。如果你不能无条件地接纳孩子，说明你的内心还没有实现自己的圆满；如果你在孩子的问题上仍然存在着焦虑、担忧，总是忍不住向他提出各种要求，说明你的内心还深藏恐惧，还没有把自己修好。

**孩子不能选择父母，却最能治愈父母。养育是一场自我觉醒的修行，**

## 辑二　孩子的问题 都是父母的问题

**在完成自身生命圆满的旅途中，孩子宛如一座桥梁，引领父母看见自己、找回自己、丰盈自己。** 孩子是父母内心世界的投射，教育是实现这种投射的途径。想让孩子实现人生的圆满，父母要先让自己实现圆满；当你实现了自身的圆满，孩子自然更容易实现圆满。正如我们所知，外在世界是内在世界的反映，内在世界的美好能量，将转化为外在世界的和谐与美好。

# 05.
## 当下的行为模式，源于过往的情绪记忆

有些人对待工作一丝不苟，勤勉尽责，总是设身处地为他人考虑；有些人常常抱怨计较，不管做什么都希望以最小的付出换取最大的回报；有些人愿意赞美别人、鼓励别人，愿意帮助有困难的人；有些人习惯于挑拨是非，对他人进行攻击和诋毁……人之所以会有不同的行为表现，其根源在于思想上存在差异。

### ✎ 父母有什么样的思想，就养出什么样的孩子

思想是支配我们的行为、性格、日常生活等的力量，父母的思想对孩子的成长产生很大的影响，家长的教育思想决定着孩子的思想，决定着孩子的未来。

在"为人父母"的课堂上，一位父亲原本是想解决孩子被送进劳教所的问题，可经过课程学习之后，他却发现了孩子的问题是自己的思想所致。

昊昊原本是一个聪明好学的孩子，在小学阶段还曾屡次被评为区"三好学生"，但是父亲对此却漠不关心。他从小念书不多，妻子也没上过什么学，好在他受过厨艺技能的培训，且手艺还不错，于是，他和妻子一起开了一家饭馆，生意做得也很红火。每次和那些上过大学，但收入却远远不如自己的哥们儿在一起时，他都显得很有优越感。为此，他经常

对昊昊说:"读书没什么用,学习好又能怎样?我读书不多,不照样比那些大学生赚得多、过得好!"

由于父母不太重视孩子的学业,又长期给他灌输"读书无用"的思想,昊昊逐渐也对学习失去了兴趣,认为学习没什么用。再后来,这对夫妻到国外开餐馆,把昊昊留在国内和爷爷奶奶生活在一起。因为缺少父母的陪伴和有效的教育,昊昊变得越来越懒散,经常逃课,光顾网吧等娱乐场所,不仅成绩一落千丈,还沾染了很多恶习。

几年的时间一晃而过,昊昊已经长到了十六七岁。父母在国外忙着赚钱,只是通过网络联系昊昊,一直没有回来。昊昊很想念父母,希望他们回国,可父亲却说:"等你高中毕业也到国外来吧,别上什么大学了,没有用!你看看我,没上什么学,现在不是照样过得很好吗?"

昊昊想想也对,父母确实也没上过什么学,却能在国外开餐厅、做老板,赚的钱也很多。努力读书,就算考上大学,毕业了也未必能找到工作……在这种思想的作用下,昊昊高中没毕业就辍学了,可他也并未努力学习什么工作技能,而是整天沉溺于电脑游戏,还学会了吸毒。有一次,他与玩伴们在歌厅吸毒被警察当场抓获,被关进了劳教所。

"思想可以成就一个人,也可以毁灭一个人。"正是因为昊昊爸爸长期给孩子灌输"大学生还不如我"的思想,才让昊昊产生了"学习无用"的想法,这种不正确的教育观念最终把孩子推向了歧途。所以,为人父母必须要意识到思想对孩子的深刻影响,要树立正确的教育观念,努力培育孩子积极向上的心态。

我经常跟学员们讲,人的大脑和计算机有很多相似之处:刚刚出生的孩子,他们的大脑就像是还没有安装系统的计算机,而教育就像是给孩子的大脑安装系统的过程;声音、图像、文字等都可以作为数据输入计算机中形成电脑的操作软件,孩子的思想形成也来自周围的文字、图片、声音和感觉等，有时一个愤怒的眼神就会让孩子心惊肉跳、怯懦退缩，而一句赞美的话语就可能让孩子信心满满、神采飞扬。

父母作为孩子人生成长中最重要的老师，其思想及由思想导致的言行会在孩子的大脑中留下深刻的痕迹，影响着孩子思想认知，左右着孩子的行为选择。让孩子树立正确的人生观和世界观，具备积极上进的心态是我们每一位为人父母者的责任所在，父母的言行举止在很大程度上决定着孩子人生的成败。

如果你经常对孩子说"我爱你，你是最好的""你能行，我们会帮助你的""好好努力吧，你一定会成功的"，那么孩子也更容易拥有自信、获得成功。相反，如果你经常跟孩子讲"这个你都干不了，长大了能有什么出息""你可真够笨的""得奖有什么用啊？又不能当钱花"，就会挫伤孩子的积极性，让孩子陷入自我怀疑和自我否定之中，害怕面对竞争，也不敢接受挑战，很容易错失机遇。

**人生的结果就是思想的"显示器"**，我们有什么样的思想，就会收获什么样的命运；有什么样的教育思想，就会教育出什么样的孩子。

### ✎ 当下的思想与行为，源于过去的情绪记忆

在教育孩子的过程中，父母常常会有这样的体验：理智上知道不该对孩子发脾气，知道要给孩子树立正向的榜样，可就是不能真正地付诸行动，一旦孩子犯了错，就会忍不住大发雷霆。为什么会这样呢？

原因就是，人的思想会受到认知系统和生命系统的双重影响。

心理学家弗洛伊德说："人类根本没有选择的权利，而所谓的自由意志不过是种错觉。我们的行动和选择其实都是由我们无法觉察的生命系统所决定的。如果我们充分了解每个人的先天遗传和后天环境，我们就可以准确预测出他的行为。"

认知系统是指知道自己喜欢什么、想做什么、该做什么。遗憾的是，

## 辑二  孩子的问题 都是父母的问题

我们的认知系统不能完全指导我们的行为。很多时候，我们理智上知道该做什么、该避免什么，却不能完全实现所期待的结果，因为我们还会受到另一种力量的影响，那就是我们的生命系统。在绝大多数情况下，我们是在自己都不知道想干什么的情况下做出行动的。

我经常在"生命智慧"一阶课堂上问大家："有谁怕蛇？"通常，台下都会有一些人举手。然后，我会做一个假设："如果我拿着一条死蛇或假蛇走到你的面前，你会做出什么样的反应？"

我的问题几乎每次都会得到相同的答案——"害怕！大喊！跑！即使我知道你拿的是一条死蛇或假蛇，根本威胁不到我，但我还是会害怕。"

看到了吗？这就是生命系统的作用和力量：即使我们在思想认知层面知道蛇是死的或假的，并不会对自己造成伤害，可内心还是会感到恐惧，因为在我们的生命系统里真实地存在着怕蛇的心理和身体反应。相较于思想认知而言，生命系统的力量是无穷大的，它随时在决定和限制着我们的行为，甚至影响着我们的生活与命运。

我们的生命系统分不清楚好坏对错，一旦接受了某种观念，就会立刻实践这种观念，调动所有的力量去实现目标。生命系统塑造现实的力量非常强大，你认为自己是什么样子，认为生活是什么样子，最终就会成为那个样子。

事实证明，当人在生活的经历中遇到事件产生情绪，就会形成细胞记忆，当日后出现类似的状况时就会从原有的记忆中调出当时的记忆，并按照曾经的记忆进行行为上的反应。也就是说，人的本能反应都是来自最早的情绪记忆。

这些年来，我在对人的思想形成的研究以及对大量个案进行处理的过程中看到：早年成长经历中的情绪记忆对一个人的思想有着极大的影响和作用。

我们今天的烦恼、不如意和痛苦在很大程度上都是来自情绪的困扰；我们对待孩子的态度、照料孩子的方式、执行的教养风格等，很大程度上都受到过往模式的影响。虽然养育孩子是生命中的一项新体验，可是那些被存储在生命系统中的情绪记忆也会一直掺杂在其中，以投射的形式影响着我们与孩子的互动。

**错误的养育方式源于错误的思想观念，错误的思想观念源于早年经历的情绪记忆，它们以"文件包"的形式存储在生命系统中，一旦遇到与早年相同的经历就会触景生情，把曾经的感觉和反应从心智中调出来，让人不假思索地做出本能反应。** 如果这些情绪记忆"文件包"不能被有效地清除，就会不断上演"一朝被蛇咬，十年怕井绳"的情景。

### ✎ 检视自己的早年经历，别再把过错推给孩子

早年的经历为我们创造了一种样板，让我们在此基础上建构自己的人生，教育自己的孩子。被过去的经历所羁绊是一回事，清醒地认识到过往的经历对今天造成的影响是另外一回事。如果觉察不到这一点，就会在往后的人生中不断地重复这种模式。

养育孩子是一次自我探索和成长的旅程，孩子是一面镜子，为我们提供了看清早年经历形成的行为模式的机会。通过他们，我们得以面对面地检视自己过往的那些经历和感受，只是这个过程往往会伴随着痛苦。

"为人父母"课程的一位学员曾经感慨地陈述："每当孩子在我面前哭闹或发脾气，而我又不知道怎样与她沟通时，我都会感觉很无助，就像回到了自己和母亲相处时的情景，处处受控。

"我讨厌这种感觉，既想像小时候那样直接逃避，又因为类似情况的反复发生而感到愤怒。因此，我总是选择忽视她，或是对她进行惩罚，这两种方式都不是我想要的，可除此之外，我不知道还能怎么做。"

辑二　孩子的问题
　　　都是父母的问题

　　当父母感到无助或焦虑时，总是倾向于把这些情绪发泄到孩子身上。心理学告诉我们，这是投射效应，孩子不过是"替罪羊"，是我们把自己不愿意面对的东西"投射"到了他们身上，以便看起来是孩子让自己感到愤怒和痛苦。

　　孩子是一面镜子，照出了过往的经历在我们的生命中留下的痕迹。我们内在要处理的负面情绪记忆越多，情绪就越不稳定。与此同时，孩子也会相应地表现出更复杂的个性、更不安的情绪，以及各种行为问题。这不是孩子的过错，而是他们的善意提醒："嘿，爸爸妈妈，我来是想告诉你们，你们还需要成长。你们能不能把这个问题处理好，别让它影响我们的关系，阻碍我按照自己的生命轨迹去成长？"

　　学会从孩子的问题中检视自己，直面早年的生命经历，对自己的情绪负责，这是自我成长的必经之路，也是为人父母的必修之课。每一次检视，都给我们机会去摒弃旧的行为模式，避免它传递给孩子。蜕变是痛苦的，是需要勇气的，但要与孩子建立全新的、良好的、健康的关系，这也是唯一的方法。只有充满觉知，我们才有可能成为优秀的父母，才有可能帮助孩子成长为真实的自己。

# 06.
## 父母的觉醒才是孩子的起跑线

喜怒哀惧是人类最原始的情绪,在这四种情绪之中,恐惧占据重要地位。在养育孩子的问题上,父母的恐惧和担忧表现得格外明显,却也格外矛盾:既怕孩子受伤、受累、受委屈,又怕孩子一事无成;加之各种教育培训机构不断宣扬"不要让你的孩子输在起跑线上",使得父母一面努力为孩子创造优渥的物质条件,一面又给孩子不断施加各种压力,让孩子参加各种兴趣班,学习各种专业知识和技能,希冀孩子可以集多种才艺于一身,将来可以卓尔不群。

父母们的初衷是好的,但有一个问题值得思考和商榷:如果人生真有起跑线的话,超前学习考出高分,琴棋书画样样精通,就是"赢家"了吗?就算是成功的教育吗?

### ✎ 教育的核心是培养健全的人格

通常,教育对应着两个层面:一是着力于传播科学技术知识,开发人的智慧与才能;二是满足人的精神发展需求、帮助人们体现其精神价值,培养健全的人格。在这两个层面中,人格教育应居于优先地位。

一个人要想在社会和群体中与他人愉快地相处、发挥作用,并在人际交往中彼此受益,就必须由心灵的追求主导身体的欲望。换句话说,心灵与身体之间应当建立一种类似主体与客体的先后有序的关系。当心灵占据主体位置,人才能在必要时牺牲自己眼前的物质欲望,满足长远利益或群体利益。

反之，如果一个人的身体处于主导的地位，就会表现出以自我为中心、追求私利、及时行乐和肆无忌惮的不道德行为，从而在社会和群体的人际关系中造成种种问题，最终也会使自己陷入孤立、痛苦、空虚和失望当中。

英国历史学家阿诺德·汤因比在其著作《文明受审》中指出："当人类的科技力量变得强大时，心智和人格的力量也必须随之增强。然而，迄今为止，在人类生活的进步过程中，精神水平与物质水平的发展进程之间始终存在着差距，而且这种差距在当代表现得尤为悬殊。"

现代社会越来越多的"啃老族"的出现就很能说明问题。这些"啃老族"并不是找不到工作，而是因为挑剔、贪图享受、不愿受人管理等原因主动放弃了就业机会，赋闲在家，他们不仅在衣食住行上全靠父母，而且还用父母的钱去打麻将、斗地主，成天都无所事事，好吃懒做。

古时是"穷人家的孩子早当家"，可现在很多孩子已经有谋生能力了，却仍未"断奶"，只知道花父母的钱去享受，不知道自己创造财富。其实，这也跟父母的教育有关，正是父母的溺爱与疏于教育影响了孩子人格的健全。

多数父母都很重视孩子的教育问题，可孩子的教育问题并不是花钱就能解决的。我们可以花钱为孩子报很多的补习班或才艺班，但一个人的成功不仅需要聪明才智，更需要具备健全的人格。正如美国前总统罗斯福所说："教育一个人的知性而不培养其德性，就是为社会增添了一份危险。"

心理学上认为人格是个体在行为上的内部倾向，它表现为个体适应环境时在能力、情绪、需要、动机、兴趣、态度、价值观、气质、性格和体质等方面的整合，是具有动力一致性和连续性的自我，是个体在社会化过程中形成的给人以特色的心身组织。人格体现着一个人在社会生活中的尊严、价值和形象，代表着一个人的社会价值。

**现代心身医学研究发现，人格的缺陷是很多心理疾病产生的诱因，这与身体的不同体质引发不同的疾病的道理是一样的。**同时，人格缺陷也会诱导生理疾病。可以说，孩子的人格健康，不仅关系到其身体的正常发育，还决定着孩子今后的人生走向。

近年来，一些青少年因人格缺陷而出现让人震惊的行为屡屡见诸报端，其中不乏很多成绩优异、能力超群之人。

为什么这些众人眼中的好学生会犯下滔天罪行？为什么很多原本成绩优异的孩子，在进入大学后会屡屡发生问题？为什么他们难以与他人搞好关系，在竞争时会不择手段？为什么有些孩子在获得博士学位后竟然会走上自杀或杀人的歧途？

这些都是值得我们深思的问题。

未来的竞争，不仅是才能的竞争，更是人格的竞争。所以，对于孩子的教育和培养要两者兼顾，不可偏颇：一是要给孩子传授前人留下的知识和经验，使之具备生存的本领和解决问题的能力；二是对孩子人格的培育，着力于满足孩子精神发展的需求，帮助孩子提升精神能量和自我价值，让其获得心灵的充实与喜悦。

## 父母对孩子人格的形成影响最大

人是环境的产物，家庭的和谐、父母的关爱对于孩子的人格形成有着至关重要的影响，特别是对于正处在成长期的孩子来说，从父母及成长环境里获得的爱与支持决定着孩子人格的健全程度。

在一次"为人父母"的课程活动中，一位学员分享了她因母亲的不信任而感到愤怒的经历。有一次，她的一个女同学打电话找她聊天，由于这个女生的嗓音像男生，又是一个大嗓门，在她接电话的时候，母亲依稀听见了电话里的"男声"。结果,她刚一挂电话,就遭到了母亲的"审讯",一定要她交代那个"男生"的姓名、班级、住址,还要追查"他"为什么给她打电话……母亲的反应,让她哭笑不得。

她急忙跟母亲解释,说打电话的人是班里的一位女同学,不是什么男生。然而,母亲根本不相信,她又气又急,忍不住哭了起来。见此情形,妈妈却反问道:"你哭什么哭?是不是觉得理亏?"过后她本以为这件事情过去了,没想到母亲竟然直接到学校调查,向班主任询问:"你们班是不是有个女生的声音特别粗,听起来像男生?"

无论事情的结果如何,这种不信任已经严重伤害了这个学员的自尊心,虽然已经过去了二十多年,但是一经情志疗法的环节,曾经的记忆就会浮现,她就被带回到当初的场景中。这件看似很小的事情,不仅使她疏远了妈妈,也让她不敢再相信其他人。

家庭教育对孩子人格的塑造起着关键性的作用,亲子关系的好坏决定着孩子人格的发展水平。父母给予孩子的信任与关爱,会让孩子在感受到温暖的同时增强自信与安全感,塑造起健康独立的人格。愿每一个为人父母者都能够认识到这一点,用自己的爱与信任为孩子营造和谐的家庭氛围,减少对孩子心灵的伤害。

## 做好人格教育,从改变思想开始

先贤很早就提出"阴阳互根,孤阴不生,独阳不长"的理念,他们信奉一切事物都是由"阴"和"阳"组成,即有形的物质和无形的精神,两者相辅相成,互为依托。就人而言,身体与精神也是有形和无形的体现,行为与思想是不可分割的,好的行为习惯会带来积极的精神能量,而思想观念的转变也会塑造新的行为模式。

如果人生真有起跑线的话,父母的觉醒就是孩子的起点。觉醒与拥有多少金钱无关，与身份地位无关，而是正确认识教育的规律，懂得生命的价值，清除负面情绪的种子，提升自己的思想认知，在改变自己的同时培育孩子健全的人格。

教育一直是家庭乃至整个社会关注的焦点，特别是在竞争日益激烈的当下，家长们普遍担忧孩子会"输在起跑线上"。

为了让孩子能够成龙、成凤，许多父母不惜付出高昂的代价实施"超前教育"，从追求优质工作到选择名牌小学，迫使孩子参加英语、奥数、书法等各类培训班，琴棋书画等才艺培训也一个不落，义无反顾地走在了"鸡娃"的道路上。

微信朋友圈曾经广泛传播这样一个笑话：一个襁褓中的婴儿枕边放着一张卡片，上面写着"距离高考还有6414天"。这个尚在襁褓中的宝宝，还未有机会睁开眼睛观察世界，便已无辜地卷入这场竞争的洪流。

每个父母都期望自己的孩子学业有成，将来拥有一份理想的工作。然而，有好工作不等于有美好的生活，拥有健全的人格，成为一个真正有价值的人，才是至关重要的。人生的起跑线，不是幼儿园，也不是小学、初中、高中，而是父母的思想认知。

苏霍姆林斯基将孩子比作一块大理石，坦率地指出要将他们雕琢成一座雕像，需要六位"雕塑家"（家庭、学校、孩子所在的集体、孩子本人、书籍、偶然出现的因素）的共同努力，而家庭居首位。家庭教育是孩子成长道路上最基础且至关重要的阶段，父母是孩子生命中最为关键且无可替代的教育者。

父母是孩子的启蒙导师，不论社会地位高低或收入多少，父母的行为和教导对孩子都有着潜移默化的影响。父母的日常习惯、兴趣爱好、性格特点如同一张模板，刻画出孩子的未来。如果你总是手不释卷，孩子在牙牙学语时就会模仿翻书的动作；如果你整天沉溺于刷手机、打麻将，孩子也难以静下心来专心学习。

## 辑二　孩子的问题 都是父母的问题

当我们辨识出起跑线的位置，便能深刻地理解，孩子的成长与父母的成长息息相关，想培养出卓越的孩子，先得成为觉醒的父母。**教育不是灌满一桶水，而是点燃一盏灯。决定孩子能够走多远的，不是他的双脚，而是他的眼界**。在孩子尚未成熟的心智中，我们就是孩子的引路人。父母的思维、智慧与格局，决定了孩子从哪里起步，朝哪个方向前进，以怎样的姿态面对人生与未来。

## 【个案解读】

### 13岁孩子不想上学，是谁的心结未解开？

"我的孩子13岁了，今年刚上初一，身体出现了乏力症状，对学校有一种害怕和抵触的心理，可能是和同学相处得不太融洽，导致她现在不愿意回学校。上周带她检查完身体之后，她就一直在家休息，直到今天才愿意回学校。我把她送到学校以后，才赶来这里上课。可是，中途孩子又给我打电话，她说：'妈妈，我已经压抑了一个上午了，不想待在学校，我想回家。'听到这句话，我很心疼孩子，也很无助，不知道该用什么方式安慰她、帮助她。"

在讲述孩子的问题时，这位学员妈妈的语气中透着明显的焦虑，脸上露出无奈的神情。很显然，孩子当下的状况不仅仅是身体上的问题，背后还隐藏着情感上的困惑与不安。我问她："听到孩子说这些话是什么感受？"她表示："特别难过，我能感受到孩子在学校里的压抑和孤独。"

我温和地回应道："从你的叙述中，我们可以看到，孩子在学校里不知道怎么跟同学相处，所以不愿意回学校。你有没有试着思考，为什么孩子会感到孤独和不安？"

学员愣了一下，似乎没有意识到这个问题。我继续引导她："回想一下，我们小的时候，放学是不是和同学一起搭伴，路上还能一起交流？"

她点点头："是，我们小时候的确是那样的。"

我接着说："如果不会与别人交往，你可能会被同学排斥。我们都是在互动与摩擦中，慢慢学会怎么与人相处。想想看，现在的孩子们是怎么上学的呢？平日里都和谁在一起呢？如果孩子在家里遇到不开心的事情，是不是家人马上会给予安慰，甚至帮他们解决问题？"

那位学员妈妈沉默了一会儿，低声说："是的，孩子现在几乎没有和其他同学建立深厚的友谊，平时和家人相处的时间比较多，我们也总是尽力让她不受伤害。"

接着，我把话题从孩子身上引回到妈妈身上："刚刚你说，看到孩子压抑和孤独，心里很难过，能说说你的难过里都包含了什么吗？"

她说："有对孩子的心疼，还有焦虑。"

我引导她思考："回想一下，在你成长的过程中，有没有什么事情让你一直感到焦虑？或者说，做完了一件事却得不到该有的认同？"

她肯定地回答："有！我和我妹妹是双胞胎，从小一直都是在对比中长大的。我妹妹成绩比我好，我永远都是被比下去的那一个。其实，我的能力并不差，但总是担心自己做得不够好，几乎做任何一件事都会有焦虑感。"

我问："你内心里其实也渴望被父母关注和呵护，是这样吗？"

她说："是的。"

我提醒她："其实，这就是问题的根源。过往的这份情绪一直压抑在你心里，成为父母之后，你无意识地把这些情感投射到了孩子身上。孩子的压抑和孤独感让你产生了同理心，忍不住想要去保护她、呵护她。你不希望孩子受到伤害，这是你的初衷，可是过度呵护与安慰的行为，却让孩子形成了心理上的依赖，遇到困难和挑战就想逃避。只有当你调整好自己的内在状态，放下过往未解的心结，才能真正帮助孩子学会面对自己的问题，帮助他们在人际交往中找到自己的位置，最终实现情感上的成熟和独立。"

这一刻，她的眼神中闪烁着思考的光芒，她点了点头，说："我明白了，我太想保护她，导致她太依赖我，不是孩子不能适应学校生活，是我没有给她机会独立处理问题。"

这是我在"为人父母"的课堂上处理过的一个很有代表性的个案，它真实地反映出了现代家庭教育中一个常见的问题：父母对孩子过度保护，缺少必要的社交教育和培养。个案中的女孩不想上学，就是这个问题形成的一个复杂的心理困境。

今天的孩子，上学放学大都是家长接送，大部分的时间都是与父母或祖辈们在一起。在这些年的社会生活中，他们只需要静静坐着，便能够享受许多东西，回家后只是称呼一声"爸爸、妈妈、爷爷、奶奶"，甚至有些家庭都不要求孩子进门必须打招呼。孩子要是心里不高兴，或闹了情绪，也会得到家人的安慰和宠溺。虽然孩子的年龄在增长，身体在慢慢成长，但他们并没有很好地发展出与人交往的技能。当他们离开家步入学校，开始与陌生的同学和老师相处，遇到不愉快时，没有人哄着他、让着他，他们必然会感觉难以适应。

个案中的这位妈妈很细心，也很关注孩子的情绪和感受，但她的心结也恰恰在于此：一看到孩子受到挫折、状态不好，就本能地产生焦虑，忍不住想要保护孩子，帮她解决问题。然而，父母不可能永远陪在孩子身边，今天孩子在学校不开心、不快乐，你可以把她接回来，可是，明天孩子还是会重新回到那种生命状态里，因为她没有学会怎么融入群体，怎么和其他人相处，怎么解决人际关系中的矛盾。

这样的状况是谁导致的呢？又是谁最该做出改变呢？很显然，不是孩子，而是父母！正是妈妈早年经历的情感缺失，使得她对孩子过度保护和宠爱，忽视了对孩子社交能力的培养，给孩子的成长和社交造成了阻碍。

借由这一个案，我也想提醒更多的父母：孩子在学校中遇到的每一次情感困境，往往不是单纯的外部问题，而是家庭教育不足的反映。孩子的社交能力、情感稳定性、应对困境的勇气，都是在家庭教育中逐步培养出来的；孩子会遇到怎样的成长挑战，又与父母的内在问题和教育焦虑密切相关。

作为父母，我们要先把自己修好，处理好自己的情绪卡点，不让过往的经历和情感反应支配教育方式，给孩子一个健康、独立的成长环境，让他们勇敢地接受社交挑战，自信地走向更广阔的社会舞台。

CHILDREN
Parent's Greatest Journey

辑三 > 修正
隐藏的
"生命程序"

一个人在成长、受教育与社会化的进程中所产生的恐惧、失落、怨恨、内疚、害怕、自责、愤怒等情绪，如果得不到有效释放、清除和化解，这些情绪产生的细胞记忆所形成的"文件包"就会储存到生命系统中，形成像计算机病毒一样的"程序"，只要条件满足，立刻会自动运行，成为影响事业、健康、财富、婚姻和亲子关系的障碍。

# 01.

## 万物皆有规律，一切皆有逻辑

电影《教父》里有一句经典的台词："花半秒钟就看透事物本质的人，和花一辈子都看不清事物本质的人，注定是截然不同的命运。"

万物皆有规律，一切皆有逻辑。在现实生活中，决定普通人与优秀者差距的，不是类似武功招数的知识与方法论，而是透过现象看到问题本质的能力，这是分析和解决所有问题的底层逻辑。一个人越是能够触及问题的本质，得到真知灼见的效率就越高。

为人父母不比世界上任何一个问题简单，比其他任何一个问题都更重要，因为孩子的成长只有一次，试错要付出的代价是巨大的。正因为此，想经营好这项事业就需要拥有更多的智慧。这份智慧来自对生命底层规律的理解。

生活中出现的种种问题，究其原因，都是我们对规律的错误认识和运用导致的。了解了生命的规律，知道是什么在影响着我们的一生，明白今天的果是如何产生的，就可以着手去修正那些隐藏在生命深处的问题。这种对自身的深刻反省和成长，不仅能够影响孩子的一生，也能够为整个家庭带来和谐与幸福。

### 思想的两个系统：认知系统与生命系统

对立与统一是宇宙最为基本的规律。有男就会有女、有痛苦就会有幸福、有邪恶就会有正义、有压迫就会有反抗、有冷就会有暖、有唯心就有唯物……自然界正是在这种对立中形成了统一，产生了和谐，让我们的生活变得丰富多彩。

任何事物都不是单一的存在，思想也不例外。人的思想有两个系统，即"认知系统"和"生命系统"，当两个系统保持一致时，便能实现身心合一，创造好的人生结果。

认知系统是意识层面的。每个人都渴望拥有美好的生活、融洽的关系、顺遂的事业，但知道不代表一定能够做到，甚至还可能会做出与心愿相悖的举动。这种"知行不一"的现象说明思想不完全受控于意识，它是认知系统和生命系统相互作用、共同形成的。

生命系统是物质层面的，其运作不以人的意志为转移，而是通过眼、耳、鼻、舌、身、意产生情绪记忆"文件包"（也称"种子"）自动运行的。**生命系统中的深层信念和价值观与早年的成长经历有关，且会形成一种习惯性的行为模式，让我们在今后的人生中无意识地重复这些模式。**

### 生命系统背后的规律——"文件包"

命运并不是简单的偶然，而是认知系统和生命系统交互的结果。认识到这一点有助于我们更好地理解自身经历、思想与命运的复杂关系。我们的成长历程、家庭环境、文化背景等都会在生命系统层面留下情绪记忆，这些情绪记忆形成的"文件包"塑造了我们对自我和世界的认知，影响着我们的行为选择，造就着我们在事业、财富、健康、婚姻和亲子等方面的不同境遇，也决定了我们如何解读生活中发生的各种事件。

人的细胞记忆是真实且不会有偏差的，存储在生命系统中的"文件包"充满力量，这种力量可以消耗人的能量，让人在原本应该得到某个事物时变得力不从心。在思想意识层面渴望拥有的东西，由于受到隐藏的生命程序的作用，身体会形成对这件事的对抗或不良反应。

当我们面临选择时，生命系统里的信念和情感可能会在无形中引导我们作出某种决策,而这种决策并不是经过理性思考后得出的。如当我们尝试改变生活方式或行为习惯时,生命系统中的旧有信念往往会本能地产生抵抗,这种抵抗不仅使我们难以实现改变,还可能引发焦虑和不安。

我曾经遇到过一位朋友,她从小在农村长大,后来依靠个人的能力,创办了一家几百人的幼儿园。现在的她,已经实现了财务自由,可她一直有一个困扰:不敢给自己买东西,哪怕是买一件两三百块钱的漂亮衣服,也要询问丈夫的意见。实际上,丈夫并不管钱,家里的财政大权完全掌握在她自己手上。

这不禁让我感到诧异:既然钱都在自己手上,也支撑得起衣食无忧的生活,为什么不敢买呢?她说不清楚原因,就觉得不询问丈夫,不被允许,就不敢去做这件事。后来,我在帮她做疏导时,找到了问题的根源。

小时候,她生活在农村,放学了就出去玩,天快黑了才回家吃饭。有一天,她出去玩得太高兴了,到了晚饭时间还没回家,刚好伙伴家里开饭了,在伙伴家人的邀请之下,她就留在那里吃饭了。等她吃完饭回到家,发现家门关了,但屋子里却亮着灯。她知道,妈妈是在家的,就喊妈妈开门。然而,不管她怎么喊,妈妈都不给她开,还冲着她说:"你不是出去玩吗?你还回来干吗?"她不停地用手拍门,嘴里说着:"妈妈,我错了!"喊了半天,妈妈就是不给她开门。她很难过,就蹲在地上哭。这时,天已经完全黑了,还能听到不远处的狗叫声,她很害怕。当时,她心里就在喊:"妈妈,我再也不出去玩了,再也不出去玩了。"

去玩、去吃,是不是很开心的事情?可是,这些事情留给她的情绪记忆却是不美好的。由于没有得到妈妈的允许,她遭到了被关在门外的惩罚,这就是她的"文件包"。所以,在她的整个生命历程中,那些让她感到快乐的事情，不得到他人的应允，她都不敢随便去做。

存储在生命系统里的"文件包"，不一定都是重大事件，有些只是很小的事情，但它们却能够对人的一生产生重要影响。我在近二十年的理论与实证研究中发现，心智中的"文件包"会持续影响人生的结果，体现在事业、财富、婚姻、亲子关系、健康等方方面面。

如果某些事情在你身上总是重复出现，这就是"文件包"在发挥作用，这就是生命系统背后的规律。人生最大的智慧就是认识并遵循这些规律，按照规律去思考问题。过往的一些经历不仅会影响我们当下的生活，也会对未来产生深远的影响。

当下发生了问题，及时识别并作出调整，这是有智慧的体现。如果我们能够更早意识到问题的根源，发现它可能带来的后果，在问题还没有显现时主动进行调整，防止它在未来成为更大的困扰，这是一种更高层次的智慧。洞悉生命的规律，深入地了解自我，洞察他人，认识到我们今日的抉择将如何塑造未来。借助适时的调整与决策，我们能够拓宽选择的范围，更有效地掌握自己的命运。

### ✎ 你的"文件包"是什么样，你的世界就是什么样

每个人都是独一无二的，因而每个人的"文件包"也是不一样的。"文件包"既有好的一面，也有不好的一面，好的一面会促进积极的事情发生，坏的一面会制约人生的发展，重要的是我们怎么去看待，怎么去认知，怎么去了解，怎么去解除。

半年前，一位朋友向我说起她的困惑："为什么我身边的人，总是与我保持距离？"这些年来，她在家中一直扮演着"帮忙者"的角色，但与家人的关系却并不亲密，特别是她和弟弟之间，似乎始终存在一种疏离感，而父母似乎也更关注弟弟。这让她很难过：为什么付出那么多，

却得不到家人的情感回应？

通过情志疗法，我帮她回忆起了一段童年往事：那是在她三四岁的时候，她和弟弟一起和父母外出，走到田埂上时，她和弟弟都掉进了水里。虽然水不深，父母很快把他们捞了上来，但她永远记得那个场景——父母忙着照顾弟弟，而她被忽略在一旁，看着父母在焦急中忙碌。那一瞬间，她内心感到一种强烈的孤立感，觉得自己在家里没有位置，父母更爱弟弟，对她的关心和照顾远远不如弟弟。

这段情感记忆成为她"文件包"中的一部分，并且在之后的许多年里影响着她与父母和弟弟的关系——她总是觉得自己不被爱，弟弟才是父母的宠儿。所以，无论发生什么，她总是觉得父母更偏爱弟弟，对她的付出总是心存不满。在经过情志疗法的处理后，她抛开了情绪的影响，开始客观地回顾过往，并渐渐看到了事情的全貌。

虽然在发生"落水事件"时，她体验到了极大的失落，可她当时的感受并不完全反映现实。在后续的生活中，父母对她的爱并没有改变，只是那时的情感创伤让她无法看到这一点。自己与父母和弟弟之间的情感反应，也是源自过去那段没有处理的情绪记忆。

通过疗愈，她放下了对过去的执念，开始真正地感受到父母和弟弟的关爱，她与家人之间的关系也因此得到了明显改善。此后不久，她给我发来消息："我弟弟竟然开始和我开玩笑了，还给我发了红包！以前他从来不会这么做。"更令人惊讶的是，这种变化不仅仅体现在家庭关系上，过去她总是很努力去帮助别人，但这些人很快就离开了她，关系也很难维持。可在经过疗愈之后，她发现身边的人逐渐接纳了她，和她建立了更加健康、更加平等的关系。

在过往的岁月里，你可能也被这些问题困扰过：为什么我会频繁地碰到某些障碍或是陷入某种处境？为什么我在教育孩子时会不经意地

"化身"为父母当年的样子？为什么我在事业上总是碌碌无为，好几次都把机会拱手让人？其实，这就是你的生命系统在自动运行某种程序，是你生命系统中的"文件包"在引导着一切事物的走向。

你的生命系统有什么样的"文件包"，你的世界就会是什么样。了解了"文件包"，就认识了命运背后的逻辑，就能够用智慧去看待生命中那些"难解"的问题，透过表象找到隐藏的生命程序；找到并修正"文件包"，就能够消除内心的偏见和情感创伤，改变与他人的关系，改写我们的生活轨迹。

# 02.
## 看不见的生命程序，看得见的因果循环

我们生存的这个世界，大到历史变革，小到生活中的微末小事，万事万物都犹如太阳的东升西落一般遵循着规律。矛盾、幸福、苦难、喜悦、烦恼、快乐……都只是一种相对平衡的生活现象，事事都有其发展的规律与结果。只有懂得这些规律，才能够掌握和运用规律，从而轻松驾驭人生。

计算机程序是通过"0"和"1"编制的，而我们生命的程序是靠眼、耳、鼻、舌、身、意这六方面的信息来共同编译的。我们的大脑会依据过往经历编制一种属于自己的生命程序，这些程序都会组合成一个个"文件包"存储在心智中。今后，一旦出现与"文件包"中相似的人、事、物等元素，它就会像点击程序一样被触发，当时的感受与行为将再次被启动，致使我们不自觉地用过往的方式处理当下发生的一切。

我在过往中的工作中处理过大量的个案，每个主人公的人生剧本都不一样，但这些不同经历的背后却有着相同的逻辑，也遵循着相同的规律：**所有的"因"都来自早年的"文件包"，内心深处有什么样的心智障碍，有什么不解的关系，有什么过不去的情结，就会导致类似事件的不断循环。**

### ✎ "文件包"对事业的影响：进退两难的人生抉择

33岁的常先生高大俊朗，仪表堂堂，且拥有工商管理硕士学位。如

此优秀的他，与人交谈时却总显得异常紧张和不自在。前年，他通过借贷资金创立了一家公司，专注于软件开发与制作，经营两年却遭遇了严重的亏损。

面对这种情况，常先生不知道该怎么办。如果继续经营，按照现在的状况，不但自己的投资会全部赔掉，也无法解决债务问题；如果就此关张，现在的亏损也无法弥补。

听完他的述说，我让他随着当下对公司经营的这种感受，往更早以前回忆，试图了解他的成长经历，因为现实的结果往往来源于更早以前的"种子"所形成的心智模式。

常先生最先回忆起高考之后的情形，当时他的成绩不太理想。为此，他陷入了纠结之中：到底是上一个"三本"，还是再复读一年？他不知道该怎么办，当时的感觉也是像现在这样的茫然和不知所措。

接着，我又引导他往更早以前去回忆有类似感觉的经历。很快，常先生想到了发生在他八岁时的一幕情景：那天下午，常先生放学回家，还没进家门就听到了父母大声吵架的声音。虽然以前也曾听到过父母争吵，但从来没有像这次这么厉害，而且他还听到父亲生气摔东西的声音。年幼的他战战兢兢地推开家门，看到自己的父母互相瞪着对方，一个拿着拖把，一个举着花瓶正要往下摔。

面对这一幕，常先生惊呆了，不知该如何是好。这时，看到孩子进来的母亲，一把将他拉了过来，冲着父亲大声吼道："离就离，让孩子自己选择。"接着大声问常先生："你说，你是要跟我还是跟那个死东西？"常先生感到母亲在用全力摇晃着自己的手臂，随后又将自己推向了父亲，在争吵中父亲又将自己推给了母亲。

此时的常先生感觉自己就像一个摇摆不定的不倒翁，被父母无情地推来推去，成了父母之间一个无用且多余的玩偶，成了他们为离婚而讨价还价的筹码。他感到非常的无助，脑子里一片茫然，不知所措。

后来父母离婚了，常先生跟随母亲一起生活，他失去了往日的笑容。不久后，母亲带着他再婚了，继父还带来了自己的孩子。继父的孩子比常先生大七岁，他不爱学习，还经常会做一些偷鸡摸狗的事情，使得这个新家也经常充斥着吵架和打骂。更糟糕的是，父母的收入不多，继父和母亲的身体又都不太好，时常得病，家庭经济处于一种十分紧张的状态，常先生的耳边经常充斥着父母为了花钱而争吵的声音。

回忆到这一切时，常先生终于明白：由于自己从小在家庭中缺少温暖和关爱，而自己深爱的母亲又在婚姻上屡屡失败，所以他生命系统中充斥着失落感和对自我价值的否定，无法认可自己，遇到复杂情况不知所措时，就会想到逃避与退缩。当他带着这样的心智模式经营企业时，遇到了困难和阻碍，第一时间想到的就是逃避。

### "文件包"对财富的影响："能省则省"的财富黑洞

成长过程中的匮乏、失落以及对金钱的恐惧都会形成财富黑洞，让人无法真正地拥有财富。即使百倍努力地追求财富，可能短期内确实能赚到很多钱，但总会遇到投资失败、破产、倒闭等事情，使钱财一次一次地流失掉，到头来还是与财富无缘。

学员冯先生与别人合作开了一家酒楼，几年打拼下来却总也赚不到钱，还经常跟合伙人产生矛盾，矛盾的焦点大多和"花钱"有关。合伙人希望把酒楼装修得高档豪华一些，用具摆设时常更换，既美观也能给客人一些新鲜感，员工的工资福利多一些，平时给员工搞一些团队活动如旅游，住宿的条件好一些。

当合伙人提出这些建议时，冯先生常说的一句话就是："少花钱多办事，能省就省，能不花就不花。"几年下来，别人的酒楼已经开了连锁店，冯先生的酒楼非但没有盈利，而且大厨等员工最长干一年就纷纷离去。

生意不好，他与合伙人之间的矛盾越来越多。

在课堂上，冯先生主动要求把自己作为个案。在我的引导下，冯先生尘封的记忆被情志疗法打开，他也明白了为何自己今时今日会陷入这样的处境之中。

冯先生22岁那年，父亲得了肝癌。当时，家里的经济条件不太好，父母的工资收入本就少，还有一个正在上学的妹妹。父亲的病让这个原本不富裕的家庭更是雪上加霜，母亲为了给父亲治病到处去借钱的样子，让孝顺的冯先生感到很是难受和内疚。他总觉得自己一个堂堂的七尺男儿应该多赚些钱为父亲治病，无奈工资少得可怜，真的是心有余而力不足。

父亲去世的前一天，母亲看着病危且疼痛难忍的父亲，想让医生给打一针止痛针，父亲使尽了全身的力气，微弱地向母亲摆了摆手，用几乎听不到的声音对母亲和冯先生说："不要乱花钱，能省就省。"

父亲最后的遗言，在冯先生的生命中形成了一个重要的"文件包"：因为贫穷，因为没有钱，全家人深感痛苦，父亲一面承受着身体的痛苦，一面背负着精神的折磨，最后几乎是疼死在家里的，这让他难以面对和接受。

每当回忆到父亲时，总会想到父亲临终时的那句"不要乱花钱"，因而在经营中就产生了"能省就省"的思想。所以，无论是酒楼的扩张、餐厅的装修、物品的选购，还是员工的待遇，他都是"能省则省"。那些和他一起打拼的人，一方面目睹企业在发展，他赚的钱越来越多，另一方面又亲身感受着他的吝啬，故而心生不满，最终都离他而去。

通过学习，冯先生明白了"文件包"的道理，并从痛苦的经历中走了出来，整个人焕然一新，"钱能省则省"的看法转变为"该花得花"，也会多为员工考虑，多为客户考虑，逢年过节会多送一些福利和优惠，对大厨和管理者分股分权，团队建设做得很好，比如，组织生日会、表彰优秀员工及其家属等。慢慢的，整个企业变得非常和谐。

当我们忽略了任何事物的存在都是内因和外因共同作用的结果，不能够理解自己所看到的现象和结果都是因的变化时，就会执着于自我，徘徊在"别人为什么要这样对我""生活为何会有这样的结果""我为什么如此倒霉"等情绪当中，内心中不由自主地生出烦恼与痛苦，形成对财富的恐惧和失落，影响日后的财富获得。

### "文件包"对婚恋的影响：不敢拥有，因为害怕失去

在课后的学长报告中，学员陈伟玲分享了一段非常深刻的感悟："在这个世界上，没有谁不想拥有幸福美满的婚姻生活，没有谁不想拥有成功与快乐。可是，在现实生活中，对于很多很美好的东西，为什么会有人不敢拥有？甚至拥有之后会缺乏安全感、害怕失去呢？其实，这一切都源于心智障碍。人在过往经历中经受身体或情感的伤害时会形成情绪，如果当时的情绪没有及时清除和释放，就会形成心智障碍存储在人的生命系统中，随时作用于人的生活与命运，消耗人的生命能量，造成生命能量的不足。"

32岁的严女士，身材、容貌都很出众，颇有学识与修养，工作也很不错，唯独在亲密关系中屡屡受挫。她经历过一段不顺的婚姻，离婚后一直单身。不久前，她结交了一个男朋友，两人之间的感情很平稳，但她却感觉自己并没有真心去爱，特别是当男朋友对她很好时，她总害怕会失去。

在我为她做情志疗法处理时，严女士回忆，自己四五岁的时候，一向斯文稳重的父亲有了外遇，经常和妈妈吵架。某日，严女士碰巧撞见爸爸在争执中动手打了妈妈，她就跑过去用弱小的身体来保护妈妈，没

想到自己却被爸爸一把给扔了出去。在严女士心目中，爸爸一直有着非常好的形象，但这件事却令爸爸的形象在严女士的心中发生了很大的变化，并在她幼小的心灵中种下了"男人不可靠，好的东西都会有不好的结果"的情绪种子。

她怎么也没有想到，自己一向崇拜的爸爸竟然会打妈妈，还会有外遇。自此，她内心的安全感开始动摇，并对男性产生了不信任感。她在生命系统中将自己遇到的男人也定义为"不靠谱的男人"，所以亲密关系总是出问题。当一个男人对她好时，她就会害怕，害怕失去，害怕对方会爱上其他人，无论是从前的爱人还是现在的男友，都无法弥补她内心缺失的那份安全感。

很多事情的发生都源于我们内心的情绪种子，就像严女士的父亲对她所造成的伤害。虽然事情已经过去很久了，可当时压抑的情绪却始终没有得到释放，而是存储在了她的生命系统中，如影随形地伴随着她。当她进入亲密关系中，这个隐藏的生命程序就开始自动运行，影响着严女士和另一半的相处。

### "文件包"对亲子关系的影响：不经意间传承的打骂教育

在"为人父母"的课堂上，我曾经问过学员们一个问题："谁小时候被父母打过？"刚开始，会有很多人不以为然地举手，因为这是一个看似很普通的问题。接着，我继续问举起手的学员："有谁打过自己的孩子？"这时候，有些人继续举手，露出略显尴尬的笑容。

我问其中起手的一位女士："你小时候，谁打过你？"她说："父亲打过我。"我接着问她："父亲是怎么打的？你可以模仿一下那个动作吗？"她举起右手，做出拿着东西打人的动作。

我问："父亲当时是拿什么打你的？"她说："父亲用竹棍打我！一只

手拽着我的衣服,一只手拿竹棍打我的屁股。"

我问她用什么打孩子,她回答用衣架。我让她在讲台上做出平时打孩子的动作,她走上讲台,右手做出拽着孩子衣服的动作,左手做出紧握东西打孩子的样子,边打还边说:"我叫你不听话,我叫你不听话。"

这位女士四十几岁,事业很成功,看起来坚强且自信。我问她是否了解孩子挨打时的感受,她有点茫然,说:"我觉得她做错了事情,我打她是很正常的。"我问她:是否知道孩子被打的时候,孩子的内在感受会形成情绪种子并对将来的生活产生深刻影响?她摇摇头说:"不会吧?打孩子是件很正常的事情,我们小时候都被自己父母打过的。"

在场的学员都是见证者,这位女士打孩子的动作、说的话,与父亲当年打她几乎没有什么两样,只是衣架取代了竹棍而已。可是,她并未意识到,自己在教育孩子时的行为表现,完全是在传承父母对自己的打骂教育。早年父亲打骂留下的记忆,早已经深深地写进了她的生命系统,影响到她和自己孩子的关系。

万事万物都有规律,人的生命亦是如此。早前经历形成的"文件包"一旦被"点击"就会自动运行,影响人生的方方面面。我希望大家透过这些真实的案例,从更高的维度来看待生活、看待事业、看待财富、看待婚姻、看待亲子关系,理解生命程序的运作方式,意识到那些难以治愈的"不幸"大多是心智中的障碍所致,当我们开始去探求它的时候,就是改变和治愈的开始。

# 03.

## 时间解决不了根源性的情绪种子

走过就会留下痕迹，我们在过往生命中的一切经历，不管是好的还是不好的都会留存在我们的记忆里。为了日常生活的正常需要，我们的身体会自动把这些记忆封存在我们的生命系统中，形成不同的心智结构模式。事实上，真正形成障碍的并不是经历本身，而是在这个经历中产生的情绪所形成的"文件包"，一旦遇到类似的事情，心灵就会本能地将这些"情绪种子"调出来并引爆，给自己的人生带来限制。

要成为一个情绪稳定的父母，先要成为一个情绪稳定的大人。在面对孩子出现的各种状况时，不被自己过往的缺失影响，不把自己内在的问题投射到孩子身上，阻止生命系统中的生命程序自动运行，这是为人父母的修为与智慧。可是，如何才能抵达这样的状态呢？或者说，为人父母者要怎样处理自己内心深处的创伤呢？

### ✎ 不要寄希望于时间，情绪记忆难以刻意遗忘

平日里遇到不顺心的事情时，想必一定有人劝慰你说："过去的事情就让它过去吧，想开一些就好。"你自己可能也做过一些心理建设，告诉自己说："时间是医治心灵创伤的良药""时间会冲淡一切"。

这些宽慰真的有用吗？这些年来，我和团队处理了大量的个案，我真切地感受到一个事实：时间只能让人忘记一些思想意识层面的东西，那些生命系统里的心灵伤痛形成的情绪记忆，即使经过漫长岁月的洗礼，

仍然会历久弥新。

《实验社会心理学杂志》(Journal of Experimental Social Psychology)上发表的一项研究，充分地解释了"为什么越是试图忘记，记忆却越深刻"的现象。

该研究由美国北卡罗来纳大学的心理学家基思·佩恩（Keith Payne）主导，他与同事们在实验中发现，情绪记忆难以刻意遗忘，即使是轻微且温和的情感记忆事件，如考试成绩不佳或工作中受到批评，也很难被遗忘，特别是当这些记忆与视觉线索相关联时，因为图像比文字更容易给人留下深刻印象。

研究人员对218名参与者在观看一系列照片后的反应进行了调查，结果发现：那些激发了参与者情绪反应的照片内容，相较于平淡无奇的内容，更难以被刻意遗忘。此外，无论是令人愉悦还是令人不快的情绪记忆，都具有这种难以忘却的特性。

佩恩认为，人们想要刻意遗忘某件事情的前提条件是必须在精神上与事件相关的信息完全隔离开来。然而，记忆中的情感因素往往会破坏这一过程，他说："人们的情绪记忆在形成时，与自身生活的许多方面都产生了联系，因此要完全隔离它们是困难的。一旦人们试图遗忘这些记忆，情感因素就会使其变得更加突出，从而更加难以忘怀。"

主动忘却是一种适应性的表现。随着时间的推移，我们常常会忘掉错误的认识、朋友的旧电话号码、更改前的会议时间……这样的主动忘却有助于大脑记忆存储系统信息的更新。然而，心灵的伤痛很难主动忘却，时间不是抚平伤口的良药，而是"毒药"。

由于惯性思维，当我们遇到事情时，往往只是看到表面的现象，并会努力从现象中寻求问题的解决方案。然而，一旦类似的事情再出现，同样的经历和情绪还是会不断地循环。也许,所发生的事情并不完全相同,但给我们带来的感受却是一样的。这就像身体患了关节炎,如果关节炎不能够得到彻底的根治,只要天气和环境不适,关节就会隐隐作痛。时间越久,反复体验痛苦的次数越多。

## 摔门声引发的情绪失控

王女士在参加我的课程之前,婚姻已经走到崩溃的边缘。每次和丈夫发生争执,丈夫总是摔门而出,听到"砰"的一声响,王女士就会感觉心如刀绞,随之就会产生恐惧和害怕的情绪,要过很长时间才能平复心情。

在课堂上,我引导王女士带着这种感觉往更早以前去想,是什么使她产生过这种恐惧和害怕的情绪。她猛然间想到:在她6岁的时候,有一次在放鸭子回家的路上,突然电闪雷鸣,下起了大雨。她一个人赶着一群惊恐四散的鸭子,既害怕把鸭子弄丢,又被巨大的雷鸣声吓得胆战心惊,环顾四周却找不到任何可以帮助自己的人。当时的她,真是"叫天天不应,叫地地不灵",对一个年仅6岁的孩子来说,她已经恐惧和害怕到了极点,其中最让她感到害怕和恐惧的就是那"轰轰"的雷声。

当我引导王女士回忆到当时的那个时间点时,王女士抱着头,紧张地蜷缩着身体,不停地发抖,喊着:"我害怕,害怕……"我问她:"你感到最害怕的是什么?"她说:"雷声。"经过一番情绪释放之后,王女士渐渐地平静下来。此时,再让她回看自己6岁时的那个经历,就像是在回看电影一样,只有当时的过程却没有了恐惧的情绪。

我问王女士:"在这个过程中,你学到了什么?"

王女士笑着回答说:"每次和丈夫吵架,只要他摔门发出'砰'的声音,我瞬间就会情绪失控,用更加愤怒的方式对待他。现在我才明白,原来那是因为小时候曾经有过令自己害怕和恐惧的情绪种子,每当我听到那个摔门的声音，这个种子就会自动启动小时候经历害怕和恐惧的感觉。这其实是我自己的问题，跟丈夫没有关系。我学会了反思和宽容，亲人之间出现问题，要先从自己的身上寻找答案，而不是一味地指责对方。"

接着，王女士又想到，因为自己从小到大都十分害怕雷声以及类似的声音，每当这种情况出现时，她就会感到恐惧和不安，随之而来的就是内心的慌乱和愤怒。为此，她还有过多次和别人大吵的情形，这一切都缘于小时候的那次经历。

王女士6岁时的经历，距今已经有30多年了，可这种情绪不但没有因为时间的流逝而得到释放和忘却，反而还会在她与丈夫发生争执或听到雷声的时候自动启动害怕和恐惧的情绪，她试图用自己内在的能量来阻抗和平衡这种情绪，结果变得愈加愤怒。

值得庆幸的是，王女士通过学习看到了问题的根源，也顺利清除了心智上的障碍。如果没有及时地修正生命程序，这一情绪种子不仅会损害她的婚姻关系，还会影响到亲子关系。

### 走出"时间能够医治心灵"的假象

现在的果都是过去因的显现，是过去的经历、情绪、教育、家庭关系等形成了现在的自己。而未来的自己则取决于自己现在的所思、所想、所言，也就是说，当下的你又在创造着未来的你，所以，**重要的不是过去怎样而是现在要怎样**。

人生在世不可能总是一帆风顺，每个人在经历生命的过程中都会遭受创伤或打击。当我们遇到心灵的伤痛或情感伤害时，往往会产生很多消极的情绪，沉浸于其中不能自拔，甚至会用错误的方式麻痹自己，希冀着时间可以医治好内心的伤痛。

遗憾的是，**时间医治好内心的伤痛只是个假象**，我们的生命早已被卡在了过去的某个节点。那些划痕深深地印在了我们的记忆中，形成固定的生命程序。特别是童年时期的创伤性经历，对我们的影响更为深刻，它们往往会埋藏在人的内心深处，随着时间的推移被岁月尘封，似乎已经被人完全忘记。然而，一旦出现类似的经历或场景，这些被尘封的情绪种子就会出人意料地跳出来左右我们的情感和命运。

如果这些种子没有得到彻底清除，过去习惯性的思维模式会让我们陷入一个又一个循环当中，错了又错，痛苦了再痛苦，伤心了再伤心，终生被这些情绪记忆影响。不了解这一规律的人，总会习以为常地认为："孩子小，忘性大，过不了多久他就会忘记。"然而，事实却证明，**孩子可能会忘记发生过什么事，却会牢牢记住不良刺激给自己所带来的情绪和感受**。这种心灵的伤害会伴随着孩子的成长持续作用于孩子的生活，甚至会演变为一种人格缺陷，影响孩子的命运。

我们的精神能量和我们的血液一样，是需要补充营养、过滤杂质的，如果我们不能够及时将杂质过滤掉，就会形成堵塞，影响我们的身体健康。**曾经的情绪形成的生命程序就是我们血液中的杂质，我们要对自己的过往和经历有所了解、认知和觉悟，彻底地释放情绪，改变思维模式，才能够疏通堵塞，让生命的能量顺畅地流动起来。**

# 04.
## 积极地打开心门,要面对不要逃避

我们的经历是帮助我们实践并显现我们思想的过程,孩子的到来也是如此。身为父母,如果我们想要自己和孩子有所改变,就必须改变自己的思想,而改变思想的前提就是打开心门。一味地伤心抱怨、哀叹生气是没有用的,沉浸在问题的表相中,无异于一个猎人落入自己所挖的陷阱里。

人之所以为人,是因为我们能够以更宽广的心去学习和理解生命的过程,并在错误中获得成长和觉悟,以自己的觉悟帮助自己,影响身边的人。

曾经有一位学员在参加了"生命智慧"课堂的学习后,跟我分享了这样一件事:

在生日当天,她邀请了很多朋友来家里玩。当她把女儿最喜欢的一盘糖果摆上桌时,原本正在和小朋友玩游戏的女儿跑过来,一下抓了两大把就跑开了。她看到后特别生气,认为大家会觉得孩子缺少家教,毕竟很多朋友都在桌子旁边坐着,都看到了这一幕。

换作以前,她早就发火了。可是,回想起曾经上过的课程,她摆脱了本能反应的操控,尝试让自己做一些改变,准备好好引导孩子。当她正准备这样做时,忽然发现孩子跑到了小朋友中间,给他们挨个发起糖来。

孩子的举动让她又羞愧又骄傲,女儿是如此懂事,她刚刚的那些想法，不过是自己对孩子抓糖这一行为的"误读"，这种"误读"来自父母早年对自己的一些教育片段。她由此想到：以前的自己，是不是也犯过同样的错误，误解和阻止了孩子的善意？

幸好，她已经通过学习培养出了一种觉察力，伴随着觉悟和思想的提升，终止了错误的行为模式，从而也改变了对孩子的教育。

这位学员的改变也触动了我，让我想到了一句话："门外是一片阳光，你可以选择推开门与阳光共舞，也可以选择在屋里与黑暗共处。"一切都在于你自己，是你的思想创造了你所拥有的一切！想要洞见生命的过程，释放生命系统中储存的情绪种子，就要直面过往的经历，迎接自己与生活的每一次碰撞。

### ✎ 看见生命中的"阴影"

生命系统中的"文件包"就像是太阳底下的影子，平时我们可能并未觉察，但它却实实在在地存在着，并且在特定的情境之下对我们施加影响。这些情绪记忆是我们内心深处被压抑、被否认的部分，它往往包含着我们的负面特质、过去的创伤经历、被社会道德规范所不允许的欲望等。

一个从小被教导要坚韧不拔的人，可能会抑制自己脆弱的情感，但这些未被表达的脆弱并不会就此消散。它们在暗处潜伏成为阴影，一旦遇到压力巨大的时刻，便可能突然爆发，扰乱心理上的平衡。

一个内心深处对自己的某些特质（内向、敏感）感到羞耻或不安的人，他可能会在成为父母之后，将这种负面的自我评价投射到孩子身上。看到孩子表现出内向或敏感的特质时，会不自觉地产生排斥或轻视的情绪，影响孩子的身心发展。

一个童年时期缺乏关爱的人，往往会对亲密关系抱有一种既渴望又害怕的矛盾态度。他们内心深处对被遗弃的恐惧如同挥之不去的阴影，在恋爱中可能会展现出过度依赖或刻意保持距离的行为，以此来规避再次遭受伤害。

童年时期是人格塑造的关键阶段，我们所接受的教育、道德观念、价值标准等都在一定程度上规定了什么是"好"，什么是"坏"，那些不符合这些标准的部分就容易被我们压抑下去，形成生命中的"阴影"。

与此同时，如果早年遭遇了创伤性事件，出于自我保护的机制，我们也会将这些痛苦的记忆及其相关情感深藏于心。这些没有得到妥善处理的心灵创伤宛如一颗情绪的种子，在成长的道路上逐渐演化为影响一生的"自动程序"。

### 要面对不要逃避，要释放不要压抑

早年接受的教育方式以及成长过程中的负向经历，尤其是12岁以前的伤害，会聚集并深埋在心灵中形成一个"文件包"，纠缠我们一生。这个"文件包"的存在，致使我们对自己的了解常常是片面的，对所见事物的解读也会存在些许偏颇。我们倾向于接受那些积极、符合社会期望的自我形象，当我们遭遇与理想自我相悖的特质或经历时，往往倾向于忽视或否认它们。这样的做法很难释放和清除生命系统中储存的情绪种子。

这就好比一棵树，你不想要它了，把它齐地面锯断，看似没有了，可一旦环境适合，遇到合适的水、空气、阳光和养分，它还会再出新芽，重新生长起来。除非将树连根拔起，那样它就永远不会存在了。

看似一个小小的情绪，却深刻地影响着我们的生活与命运。我们会因为情绪的存在而产生疾病，会因为父亲曾经给予的伤害而排斥男性或领导；会因为父母的感情不和而追求有妇之夫或不愿结婚；会因为早年遭受了情感忽视而严重缺乏安全感与价值感……情绪的存在严重影响着我们的生活与命运，更重要的是，这种情绪所产生的思想还会复制给后代。

改变和提升思想，最有效的方法不是说教，而是鼓起勇气面对自己不能接受的"阴影"，以此为起点回到当时产生情绪的时间点，以不同的方法重新经历和回看那件事情，找到产生现在结果的初因。如此一来，也就等于打开了原程序，当修改了心智中对事件及相关人、事、物所产生的情绪时，这个情绪就不再困扰思想。

曾经遇到这样一次咨询：每当工作中出现调岗、升职或更换办公室等变化时，赵先生都会感觉难以适应，内心会产生强烈的不安。他的第一反应是逃避，哪怕降级回到原先的位置，放弃升迁和更好的工作条件，也在所不惜。

在我的引导下，赵先生意识到，这是他"文件包"里的某些负面情绪和思想在作祟。面对不确定性和突发事件时，他的细胞记忆自动启动了逃避的程序。这些情绪与他过往的经历有关，早年在面对压力和变化时习惯了逃避，且在生活的变动中受过伤害，致使他对变化产生了强烈的抗拒心理。

当赵先生无法处理内心的这些恐惧和逃避心理时，他在家庭中也表现出了类似的行为模式：对孩子的教育和生活安排往往过于固化，甚至对孩子的发展过于控制，不允许孩子有太多自我选择的空间。这种过度保护和控制，源自赵先生对变化和不确定性的恐惧，他希望通过控制家庭的一切来减少可能的"风险"。

当我帮他处理完这些情绪记忆之后，赵先生重新意识到，自己过去的情绪反应和逃避模式并不完全适应当前的职场环境。当他的情绪和行为不再受限于过去的负面模式时，便能够用理性的、积极的方式应对工作中的挑战。

不久之后，赵先生接到了公司的一项重大项目，这一次他没有逃避，而是冷静地选择了接受和面对：需要休息的时候就休息，遇到问题就集中精力去研究，逐步找到处理问题的头绪。最终，他顺利地完成了任务，还在公司里做了一场生动的分享会。

在教育孩子的问题上，赵先生也学会了适度放手，鼓励孩子面对生活中的不确定性，帮助孩子建立应对挑战的信心。当赵先生表现出对变化的开放态度时，他的孩子也受到了潜移默化的影响，开始学会面对未知、不惧变化，从容应对生活中的起伏。

希望每一个父母都能够觉醒，深入了解自己的心智，透过生活中频繁遇到的困境，以及养育孩子时碰到的难题，看到自己过往经历中曾经有过的情绪"种子"，意识到是眼前正在发生的事件触碰到了自己内在的记忆，意识到"文件包"才是造成这一切的根源。如此，就不会单纯地

孩子是父母内心世界的投射

### 一边害怕,一边学习"争吵"

执着于当下的感受,而是拥有了清明的思想。

这些年来,通过对"生命智慧""心转病移""为人父母"课程中个案的处理,越来越多的为人父母者已经懂得了这个道理,他们也打破了自我情绪的设限,消除了与爱人、孩子之间的关系阻碍。生活是美妙而精彩的,当你能知道生命的一切都是为你而设计,生命中所出现的一切也都是为了让你能进一步成长时,你就会感叹生活的美好,就会愿意打开生命之门。

面对情绪的困扰和心灵的创伤,不要寄希望于时间,时间不能够抚平我们心灵的伤口,反而会让我们的伤口更深、更痛,而且伴随着时间的推移所要为之付出的成本也会更大。我们要勇敢地面对而不是逃避,正视自己本来就应该面对的一切问题,提升觉悟,走出心灵的阴影,获得心智的能量,走向生命的完整。

# 05.
## 回到原点,找到自己的"文件包"

有一种电脑病毒叫"黑色星期五",只要符合当天是 13 号又是星期五这个条件,电脑就会自动运行这个病毒程序,从而导致系统变慢或在执行的程序被删除。人的心灵具备相同的机制,在人生经历中所形成的"文件包"犹如电脑程序一样,遇到类似的情景就会启动运行,引发身体做出相应的反应,使人陷入非理性的状态,无法正确或客观地分析与判

剥茧抽丝,回到产生情绪的原点

断，无论幸与不幸，最终都会形成生活与命运的循环。

### ✎ 找到"文件包"，回到情绪的原点

人的生活与命运是有规律可循的，想要走出往复循环的漩涡，走出情绪记忆的"卡点"，最重要的是先找到并梳理自己的"文件包"，这是解决问题的第一步。

**情绪来自眼、耳、鼻、舌、身、意所形成的记忆**，人的成长过程中会有很多不同的经历，这些经历所产生的情绪就会在人的生命系统中存储下对这个经历的感觉。如果这些感觉没有得到有效的释放和化解，人就会"卡"在产生情绪的时间点，当遇到与以往记忆类似的境遇时，人的思维系统就会从大脑中快速找寻过去曾经遇到这个人、这件事情、这

请不要用你的闹钟管理我的时间

你的批评让我难受，但我不会挥出我的拳头

个东西时的感觉，并快速作出类似当时的反应。

生命系统犹如计算程序一样，限制着我们的思维，影响着我们心智的成熟与发展，并会导致我们执着于其中不能自拔。随着时间的推移，看似人在成长，其实只是外在的身体在成长，心智却还停留在被"卡"住的那个时间点。

要想彻底解决这一问题，可以通过情志疗法找到决定生命程序的"文件包"，回到产生情绪的原点，将该情绪当时在眼、耳、鼻、舌、身、意方面形成的记忆清除，并对其进行"重新编译"。当情绪"种子"被清除，生命程序被修正，才能真正享有自己值得拥有的一切！

我遇到过一位38岁的女学员，她曾经独自一人在国外生活多年，回国之后选择在一个偏远的小岛上教书。她和父母的关系比较疏远，母亲每次打电话都是催促她结婚，她就尽量回避和家里的一切联系。

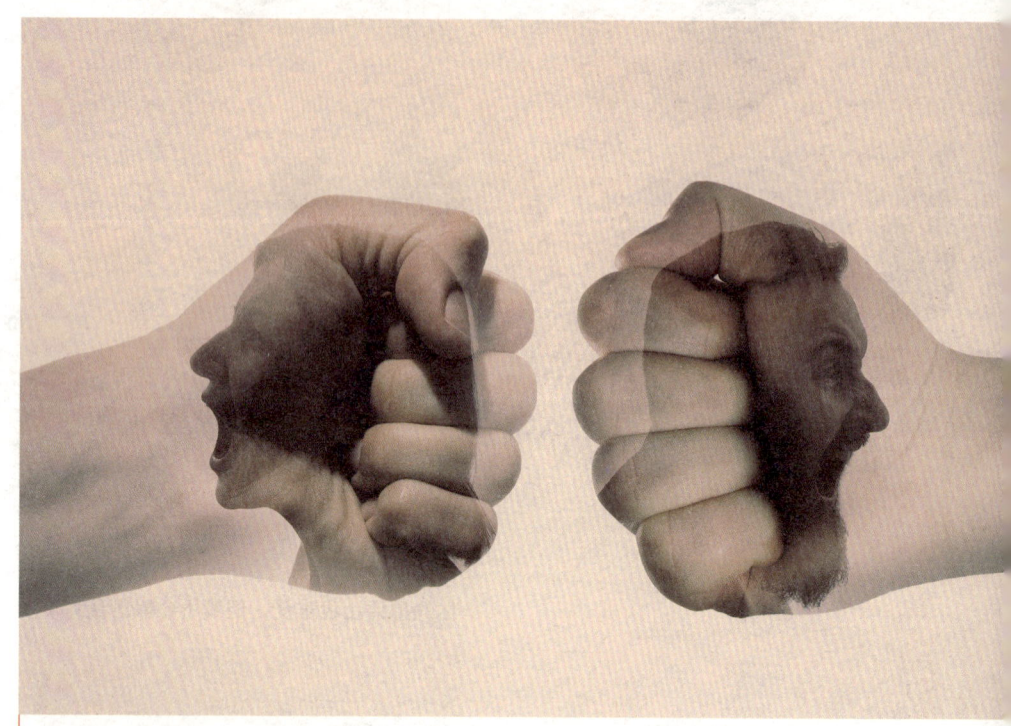

出拳看似在对抗别人，其实是对自己的怒吼

对话中，我发现她对男性有着强烈的排斥，每当遇到优秀的男性，她会感到无法呼吸、心跳加速，甚至不自觉地想远离，她说这是性格使然。通过进一步探讨，她提及自己小时候曾经遭受过男同学的侮辱和性别歧视，而她的父亲也常常无缘无故发火，甚至动手打人，这些经历让她对男性产生了深深的恐惧和不信任。

我通过情志疗法，帮她处理了深藏的情感创伤。经过治疗之后，她的情感状态慢慢发生了变化，开始能够和男性正常接触，甚至主动与男士握手、交流。在系统学习了"生命智慧"的课程之后，她整个人都焕然一新，宛若重生。

把委屈种进墙缝,明天会开成花

每一个人都活在自己创化的世界里，许多看似性格上的问题，实际上与早年的创伤密切相关。只有通过自我探索和情感疗愈，才能真正走出过去的阴影，迎接新的生活。

### 做父母不只要有心，更要有智慧

做父母是一场修行，仅靠一颗爱孩子的心是远远不够的，还要有为人父母的智慧。我曾在《谁决定孩子的命运》一书中写道：

"如果有一种觉知，能让子女不重蹈我们的覆辙；如果有一种了解，能让孩子的一生不至于错遇；如果有一种明白，能让孩子开始追求自己的未来；如果有一种学习，能让我们的孩子自己做到；如果有一种教育，能让我们的孩子快速变好；如果有一种对待，能让我们的孩子真正有所为；如果有一种准备，能让孩子的人生站在最好的起点……这就是为人父母真正的智慧了。"

养育孩子的过程，很容易激发父母过去生活中那些未被满足的需求或是曾经遭受的伤害，让父母退回到早年的状态，带着"孩子"的眼光、感情和思维方式去处理问题。许多学员通过学习发现，自己在教育孩子时还沉浸在以往的岁月中，过去那些未被满足的种种需求以及所受过的伤害，都还在纠缠着自己。由于受过冷落、遭遇过家暴或经历过痛苦，他们在成长的道路上突然停滞了下来，所以他们教育子女的方式不是在满足孩子的需要，而是在治疗过去留下来的伤痕。

我创办的"为人父母""生命智慧"课程没有太多的说教，在我看来，知识的灌输和技能的传授只能算作培训，不能算作教育，真正的教育是让人从觉悟中获得智慧，自己主动去做出改变。我所做的努力，是引导学员从当下的问题回看过往的经历，找寻并梳理自己的"文件包"，意识到自己要学习和改变的地方并付诸行动。

在课堂之上，很多学员懂得了洞见自己的生命过程，从而理解了今天发生在自己和孩子身上的一切，比如：女儿的同学没有邀请她去聚会，父母知道了就小题大做，觉得是自己受到了冷遇而不是女儿。实际上，这些想法背后隐藏的是父母早年的情绪记忆：一个动不动就大发脾气的母亲，或是一个整天情绪低落的父亲，或是一个总遭到他人排斥而交不到朋友的自己。虽然他们现在已经为人父母，可是在听到孩子朝自己大声嚷嚷的时候，在看到孩子一脸沮丧的时候，在看到孩子被其他小朋友忽视的时候，过去的记忆立刻就被唤醒，让他们本能地产生情绪化的反应，完全忽略了当下的实际情况。

至此，你应该会更加深刻地体会到：教育孩子或培养孩子，最重要的不是费尽心力按照自己理解的"好"去塑造孩子，而是回看自己的生命经历，清除那些负面的情绪记忆。在修补自我缺失的同时提升思想境界，让孩子走向属于他自己的圆满与幸福，这才是为人父母的智慧。

我们无法改变已经发生的事情，但可以通过勇敢地面对，让认知系统与生命系统建立链接、达成一致，提升觉悟与智慧。只有这样，我们才能在为人父母的路上更有力量，才能清晰地认识发生在孩子身上的问题，并做出正确的、恰当的反应。

## 06.
### 有效释放情绪的三种方法

在每个人成长、受教育与社会化的进程中，所有的经历、情绪和结果以及生命传承中有血缘关系的人的智慧、习惯和品德都会储存在人的心智中，而潜藏于其中的情绪就像计算机病毒一样，条件符合时就会产生一种无形的力量，使人的神经系统滞留在当时产生的情绪状态中，形成影响健康、事业、财富、婚姻和亲子关系的心智障碍。经过多年的实践探索，并结合古代圣贤对情绪管理的理论，以及现代优秀教师的实践经验，我总结、提炼并创造出了三种有效释放情绪的技术方法：情志疗法、呼吸法和面对法。

**✏ 情志疗法：疗愈曾经的记忆，赶走内心的阴霾**

我们常说"雁过留声"，人从诞生之日起，就存储着生命过程中的所有记忆。生活中发生过的一些事情，看似已经忘记，其实那些场景和情绪都会在人的记忆中储存起来形成"文件包"。

情志疗法是从当下生活中的情绪出发，让我们看到过往的经历中与当下的情绪有关联或类似的感觉，找到与此情绪相关联的"文件包"，回到事情的原点，对其进行完整有效的处理，主要用于清除因需要得到尊重、支持和关爱但没有得到而产生的失落和恐惧情绪；受到意外伤害而导致的害怕和担忧情绪；做了错误的选择或事情而形成的内疚和自责情绪等。"情绪种子"一经释放，人就会体验到思想不再受情绪困扰的快速

## 辑三 修正隐藏的"生命程序"

转变。

36岁的吴女士是一名外企白领,生活中的她性格开朗,也很健谈。然而,她在职场中的人际关系并不太好,这让她很是烦恼,她也不知道是哪里出了问题。为了找到答案,我为她进行了情志疗法的梳理。

健谈的吴女士坐下之后,就和我谈起了生活中的很多事情,听起来一切似乎都很好。她还特意强调:"我和别人不一样,我都看明白了。"

我问她:"最近有什么不开心的事情吗?"

她说:"公司的销售总监总爱找我的毛病,还推卸责任,那天我们还争执了起来,他太不负责,令我非常气愤。"

我又问她:"当你们争执时,除了气愤,你还有什么情绪和感觉?"她突然好像被什么卡住了似的,停顿了一下说:"有种害怕的感觉。"

我问她:"回想一下,以前还有没有什么让你感到害怕的事情?"

她说:"有,只要公司部门调整,想到自己可能会被解雇,我就很害怕。"

凭借吴女士的能力,她知道自己重新找一份工作并不难,但还是会不由自主地害怕。在进行情志疗法时,她看到了父亲和继母打架的场景,以及奶奶离世的画面。陆续回忆过几个类似的人生经历后,她又想到自己五六岁时和奶奶在一起的一个场景。

当时村里分房,奶奶分到了一座新房,很多村民不服,就拿着铁锹来到了她家。那天,只有她和奶奶在家。奶奶关上门后就把她紧紧抱在怀里。她听着外面的喧闹和敲打声,非常害怕,看到奶奶同样充满恐惧的脸,她更不敢出声了。

此时,吴女士的面部已经因为恐惧而产生了变形。我问她:"当时,你很想说什么?"她突然间放声大哭,大嚷道:"你们走开,别欺负我们!"经过数十遍的喊叫后,她的情绪慢慢平静了下来。

在继续引导时,她又"看到"了自己两岁时的一幕场景:当时,她去医院打针，护士趁她不注意时给她注射了针剂，她感觉很疼，却怎么也哭不出来。

我问："你当时想说什么？"她说："疼，疼，疼……"正说着，她的表情突然发生了变化，嘴巴张着，看起来并不像是释放了所有的痛苦，反倒是另一件让她更加痛苦的事情浮现了出来。

我引导她："把你想说的话，都说出来……"她突然说了一句："妈妈抱，妈妈我爱你！"这让我感到很奇怪，因为这并不符合当时的情景，于是，我问她："妈妈还在吗？"吴女士彻底失控了，她放声大哭，原来她的妈妈已经去世了。

一直以来，让吴女士倍感压抑的是：妈妈得病那段时间，她一直陪着妈妈。因为她是家中最小的孩子，妈妈始终都放心不下她。她的两个姐姐和爸爸也总强调"妈妈最放心不下的就是你"，这句话一直压在她心头，让她无法解脱。

借由吴女士的经历，我们不难看到：**小时候被压抑的一种情绪、一句话，都有可能会"卡"住后续的人生，让人的心智始终停留在那个阶段，反复体验痛苦。**面对这样的困境，我们需要打开心灵的门窗，疗愈曾经的记忆，赶走曾经的阴霾，疏通堵塞的能量，过滤掉其中的杂质，改写影响生命精进的程序。

你好了，世界就好了；你对了，世界就对了。

### ▎面对法：穿越对过世亲人的负疚感

汶川地震和玉树地震发生后，我到现场去做义工和慰问工作。满目疮痍的废墟景象让人不由得悲从中来。面对亲人突然离去，痛苦、悔恨与内疚的情绪蔓延在心间，这是无法用常规干预手段来化解的心灵创伤。

丧失之所以让人难以面对，是因为它会引起一种复杂的情绪——

哀伤。

我们曾经以为会一直陪伴在身边的人、事、物，在意外失去时，会感到特别难受。这种难受里夹杂着自责与内疚，痛恨自己为什么没有照顾好那个人，没有保管好那件东西，没有提前做一点什么来防止丧失的发生。

这种难受里还夹杂着愤怒：为什么这样的事情偏偏发生在自己身上？为什么这个世界如此不公平？为什么我一心向善，却要遭受这样的折磨？因丧失产生的这些情绪的复合，就是哀伤。这种强烈的情绪会把人困在过去，日复一日地咀嚼痛苦。

除了会引发负面情绪以外，丧失还会激发人的防御机制，让人试图逃避现实。

一位女士在丈夫遭遇车祸后，以最快的速度处理完后事，就辞掉工作，远离家乡，带着儿子去了另外一个城市。此后的十年里，丈夫的一切都成了禁忌，不能提及他的名字，所有的遗物和相片都封存在老房子里，她一次也不曾回去过。儿子渐渐长大，希望她能再找一个伴侣，可她却从不考虑。她拼命地工作，几乎不让自己闲下来，只有在夜深人静的时候，她会独自望着天花板发呆，而后蒙头痛哭。

涉及生命的终极问题时，即使我们在理智上懂得"有生就有死，死只是生命的一部分"，可是内心仍然难以接受。这份痛苦不只来自失去亲人本身，更来自内心的遗憾、懊悔与内疚。这种痛会长长久久、日日夜夜地折磨人的心灵，会在人的心智中形成一种负荷，造成心理上自我价值的缺失，更有甚者，会让人丧失继续生活的勇气。

每个人都不可避免地要经历丧失，这是一门必修的人生功课。面对丧失，选择漠视、回避或情感隔离，也许可以在短时间内缓解痛苦，但终究无法真正地解决问题。那份痛苦会被压抑到生命系统中,对生活产生潜移默化的负面影响。

面对法是我在实际解决个案的过程中创造的一种独特的用来解决对过世亲人负疚感的方法,其过程是先建立一个系统的关系,运用系统的能量把当事人带回到与亲人离世的场景,使其再次经历最后的生离死别,表达出自己的遗憾和愧疚,并将那些压在心里的情绪转化为对生者感恩、关心和爱护的力量。这些情绪一经处理,很快就能感到一股正向、积极的能量又回到生命中来,内心的喜悦是身边的每一个人都能看到和感受到的。

齐女士是一个企业家,说话做事总是风风火火的,为人也很豪爽,事事都愿意为他人着想和付出。无论走到哪里,她都能成为众人关注的焦点。

在课堂的面对法活动中,她谈到自己有一个哥哥和两个弟弟,哥哥在几年前因病去世,一个弟弟在不久前也去世了。弟弟的去世,给她和整个家庭带来了很大的打击。齐女士心疼父母,她知道"白发人送黑发人"是多么让人悲伤和绝望的一件事。为了不给父母带来更大的伤痛,她在父母和家人面前提到弟弟的去世时从不敢哭出来,但自己常常会一个人在半夜时将头埋在被子里大哭。每每想起从前和弟弟相处的画面,她就会涌现一种无以言表又不知该向谁诉说的伤痛。

弟弟在公安局当刑警,常常奔波在各地办案,还因工作突出获得过很多的荣誉。姐弟两个人的关系在四个孩子中是最好的,只是平时由于工作太忙,很少有机会见面。她曾经劝过弟弟要多注意身体,也联系好了医院让弟弟去做全面的体检,可还没来得及陪弟弟去,就听到了弟弟在工作中突发疾病被送到医院的消息。经医生检查,弟弟已是肝癌晚期,住院没到半年就离开了人世。这让齐女士的内心深处形成了难以释怀的情绪，既有对弟弟的思念，又有没能照顾好弟弟的悔恨。

为了化解齐女士内心的痛苦压抑，我采用了面对法来为她做释放。在面对活动中，我让齐女士和弟媳一同面对了曾经的"弟弟"：一看到"弟弟"，齐女士就不由自主得嚎啕大哭了起来，声嘶力竭地呼喊着弟弟的名字，旁边的弟媳更是激动不已。

在我的引导下，齐女士和弟媳分别说出了隐藏在心中的没能照顾好亲人的悔恨，表达了对亲人无比思念的心情。当这些压抑在心中的话说出来时，齐女士和弟媳的情绪也由刚才的激动不已转变成了平静坦然。齐女士表示要尽自己最大的努力照顾好弟弟一家，要让弟弟的孩子长大成人后以他为榜样做一个品德正直且对社会有贡献的人。

活动结束后，齐女士和弟媳原来紧锁的眉头舒展开来，来时的"霉气"一扫而光。齐女士握着我的手说："真的很感谢老师，我现在心里舒服多了。"

无论是正常的生老病死，还是突发意外，面对亲人的离世，我们常常都会有一种负疚感。正如《少年派的奇幻漂流》所言："人生就是不断地放下，然而痛心的是，我还没来得及与你们好好告别。"这种遗恨常常会使人难以释怀，长期地执着于这种感受，就会让人的心智停留在那个时间点，影响日后的生活与命运。

人们常常劝慰他人说："看开一点，放下就好。"其实，这个过程是很难的。我们通过意识层面做到的"看开"和"放下"只是在用理性压制内在的情绪，只会一时奏效，一旦类似的事情出现，生命系统还是会将人的情绪带回到当时的那个时间点。

要想从根本上解决亲人离世时产生的痛苦情绪，就必须回到当时的时间点再次面对，感受到当时真实且深刻的环境，面对亲人说出长期以来压抑在心底的那种深深的悔恨，表达出真诚忏悔之意，得到亲人的理解和认同。面对法，能够帮助人真正地穿越痛点，放下这种情感上愧疚的包袱，使存储在心智中的"程序"得到修正。

父母在给予孩子生命教育之前，需要有正确的生命观。恰当地处理好个人的哀伤，是教会孩子理解生命意义和价值，以及学会尊重和珍惜生命的重要一步。当你处理好了内在的创伤，在孩子面临哀伤或死亡事件时，才有力量为他们提供诚实的解释和情感支持，而不是用回避或谎言来掩盖事实，掩盖自己不敢触碰的伤口。

## 呼吸法：疏通能量淤塞的情绪点

情绪的产生源于生活中的经历，通过眼、耳、鼻、舌、身、意的感受存储在相应细胞的记忆中，只要找到相应的情绪点并将积压在相应部位的情绪释放出来，把一直想表达却没有机会表达的情绪释放出来，身体中淤塞的部分就会得到疏通，人的经络就会变得通畅。中医讲的"通则不痛，痛则不通"就是这个道理。

我结合《黄帝内经》的思想理论以及情志疗法，对传统呼吸疗法进行了改变和提升，通过特殊的呼吸方式，快速找到致使能量淤塞的情绪点，打通多年来压抑在心中的情结，使人感到轻松舒缓。

吴先生平时不敢吃冷、热、酸、辣的食物，很注意保护自己的胃，并有长期服药的习惯。即便如此，他还是常常会胃痛。在练习呼吸法的过程中，他感到全身僵直、发冷、无力，不能活动手指并且有胃部很疼的感觉。

我用情志疗法引导吴先生回顾过往。他想到了自己上中学期间被父亲冤枉的一次经历，无论他怎么解释，父亲都不相信他。我们知道，胃病与对人、事、物的不能接受或不能接纳有关。面对父亲对自己的冤枉，吴先生既不能接受也无力反驳，只好忍气吞声，不再言语。这件事发生半年后，他就经常胃不舒服。

随着记忆挖掘的深入，吴先生侧身吐出几大口痰状的液体后，感觉舒服了一些。我问他："当时你想对父亲说什么？"他说："这件事不是我做的，我是冤枉的！"我引导他说出自己的感受，一遍遍重复着当时想说却没有机会说出来的话。

呼吸法结束后，吴先生反馈，他的胃已经好多了，想到小时候那件事情时心里也平静了很多，对父亲的怨恨也散去了。

呼吸法看似简单，却完全契合了源远流长的中国传统文化。"人活一口气"，在一呼一吸之间，天地间的清新之气就会涤荡身体内的污浊之气。天地间的浩然正气充盈在身体之中时，身与气之间就会无此无彼。正如《列子》所言："而后眼如耳，耳如鼻，鼻如口，无不同也。心凝形释，骨肉都融；不觉形之所倚，足之所履，随风东西，犹木叶干壳。竟不知风乘我邪？我乘风乎？"

**【个案解读】**

### 孩子频繁请假,根源是父母的"旧伤"

在"为人父母"的课上,一位学员提出了她所遇到的问题:她的孩子经常声称自己身体不适不去学校,这让她感到非常担忧。每当孩子提出身体有问题不去学校,她都会立刻带孩子去医院检查,以确保孩子没有健康问题。这种状况已经持续了多年,让她感到十分苦恼。

这一次,通过"文件包"理论学习,她对孩子的请假行为有了新的理解:原来,孩子的"生病"不是真实的身体问题,而是自己早年的情绪记忆"文件包"影响了她对孩子的教育和引导,继而让孩子衍生出了"逃避上学"的行为模式。

她回忆起自己的童年经历:那时,她和小伙伴外出玩耍时,不慎磕破了头,回家后父母极度紧张,将她送去医院进行检查。尽管医生表示没有大碍,但父母的过度担忧和紧张,让她从那时起对任何身体伤痛产生了强烈的恐惧。她开始变得小心谨慎,总是过度担忧,对家人的一点小病小痛都会非常紧张,会立即带他们去医院检查,甚至医生告知没问题自己也会要求家人休息几天。

这种对伤痛的过度恐惧和过分照顾的行为模式,无形中影响了她对孩子的教育。每当孩子有一点不适,她就非常紧张,认为孩子一定得看医生。她也不希望孩子外出,生怕他会受伤,总是尽量让孩子待在家里,这让孩子逐渐养成了请假的习惯。孩子发现,只要生病,就可以请假不去上学,继续享受游戏时间。渐渐地,孩子开始频繁请假,甚至在明明没有生病的情况下,也会要求休息,继续打游戏。

认识到了问题的根源,她开始重新审视自己对于伤痛的过度恐惧和对孩子过度照顾的方式,重新调整教育方式。她不再对孩子的小病小痛反应过度，逐渐放手，让孩子学会面对挑战和责任。随着她自己"文件包"的改变，孩子的行为也发生了转变。孩子不再频繁请假，而是逐渐适应了学校生活，改变了以往逃避的习惯。

"文件包"是每个人在成长过程中，因经历的事件和情绪反应形成的一种内在的认知和情感模式。这个模式会影响我们对世界的理解，以及我们如何与他人互动。父母的成长经历、情绪反应和行为模式，往往会不自觉地传递给孩子。

这个案例深刻揭示了"文件包"对孩子成长的影响：母亲小时候对伤痛的过度恐惧和父母对自己的过度照顾，导致她在教育孩子时，形成了过度保护和过分关注的行为模式。这种模式不仅影响了她的家庭关系，也间接导致孩子的逃避行为。

父母的改变是孩子改变的起点。当父母能够觉察到潜在的行为模式对孩子的影响，勇于修正自己的"文件包"时，孩子的变化往往是水到渠成的。这种转变，不仅仅是外在行为的改变，更是其内心世界和认知方式的重塑。

# CHILDREN

*Parent's Greatest Journey*

## 辑四 孩子由你而来，但并不完全属于你

爱孩子是父母的本能，而正确地爱孩子是一种智慧，是需要用心学习的。在养育孩子的这段漫长的修行之旅中，父母最大的成就，就是放弃对孩子的占有欲、控制欲、改造欲，尊重孩子的天性，让他更好地成为他自己，完成他的独立人生。用智慧之光照亮养育之路，那些看似复杂的难题之门，都会在爱与托举的钥匙下逐一解锁。

# 01.
## 孩子不是你的附属品

当你迎来人生的一个重大转折——为人父母，怀抱着一个温暖的小生命——时，你是否清楚地知道，带着这个可爱的新生命来到广阔世界究竟是为了什么？

有人说，孩子是爱情的结晶，家庭的希望；有人说，孩子是自己生命的延续；也有人说，真心喜欢孩子，想体验陪伴一个生命慢慢长大的过程；还有人说，孩子的到来纯属意外，因为不忍心剥夺一个生命来到人间的权利……这个问题本身不存在一个标准答案，每一种答案的背后都有着不同的人生经历与感悟。

无论当初是怀着怎样的心情迎接了孩子的到来，都无法抵消初次为人父母要面临的种种考验，也无法回避在养育孩子的过程中要承受的艰辛与挑战。在孩子出生之前，许多人都想过要给予孩子最好的关爱，设想过用怎样的方式来对待孩子，可真的置身于父母的位置，却在不知不觉中偏离了初衷。

正如我们前面所说，想成为好父母是一种本能的意愿，成为真正的好父母却是一种能力，这种能力是需要培养和学习的。若没有这种能力，父母很容易会被世俗的观念、有限的认知，以及自己所受的教养方式所影响，无法对孩子进行正确的引导和教育，还会破坏亲子之间原本该有的情感关系。

## "养儿防老"的生育观是对孩子的物化

在老一辈人的思想中,"养儿防老"是一种根深蒂固的生育观。他们认为孩子是自己生命的延续,是自己未来养老的保障。诚然,父母养育子女不易,子女成年后回馈父母的养育之恩,既是人伦道德,也是情感使然。

然而,这一切应当建立在爱的基础上。一个没有被父母真正爱过的孩子,长大后很难给予他人(包括父母)真正的爱,因为他们没有培养出爱的能力。从某种意义上来讲,这样的亲子关系是失败的,也是令人惋惜的。

"养儿防老"的生育观,本质上是对孩子的一种物化,是将孩子作为规避未来物质风险与精神风险的工具,是对人性的一种亵渎。父母的生育观念会深刻影响其教育观,如果把生育子女视为一种养老手段,那么在教育孩子的过程中,往往会不自觉地按照主观想法操控孩子的衣食住行,压制了孩子的个性。如果孩子违背自己的意愿,就会被指责"不听话""不懂感恩图报"。

女孩晓蓉从一所普通本科院校毕业后,选择到一线城市的某公司就职。虽然公司的规模不大,可对晓蓉来说,每一天都充满了挑战和收获。

没过多久,晓蓉接到父母的电话,要求她辞职回家参加公务员考试。在父母看来,女孩子需要一份稳定的工作。晓蓉内心并不情愿,可因不愿让父母失望,最终还是顺从了父母的意愿,最后得到了一个看似稳固的"饭碗"。

工作几个月后,晓蓉开始感到失落,她担心自己会逐渐与快节奏的社会脱节。于是,她向父母表达了想要辞职的想法。

父母非常生气,认为他们所做的一切都是为了晓蓉好,而晓蓉却觉得现在的工作并不适合自己。父母试图控制晓蓉的生活，认为她是在闹脾气，甚至以断绝关系来威胁，希望晓蓉能"迷途知返"。可是，晓蓉却认为她有权对自己的人生做出规划。

就这样，亲子之间的矛盾日益升级。父母总是冷嘲热讽地对晓蓉说："你翅膀硬了，管不了你了，这些年算是白养你了。"听到这些话，晓蓉又生气又难过，她很委屈："我只是想为自己的人生做选择，怎么就成了忤逆了？"

这一切之所以会发生，根源在于父母没有把晓蓉当成一个独立的个体，而是当成了自己的附属品。他们认为，生育和抚养孩子之后，孩子就应该听自己的话，坚信自己为孩子做出的人生规划才是最正确的。所以，他们希望晓蓉按照自己的意愿生活。至于晓蓉的想法和感受，却完全被忽视了。

父母之所以会有这样的想法，多半是因为他们也曾在这样的枷锁下被深深禁锢了思想和发展的自由。由于认知局限，一些老辈人总是过分强调"生育之恩"，理所当然地认为孩子就应该遵从父母的意愿。这种错误的观念没有机会得到修正，就潜移默化地传递给了子女，延续到对后代的教育中。

## 父母给了孩子生命，但孩子不是父母的附属品

孩子的生命是父母给予的，且吃饭、说话、走路、礼貌、规矩都是父母从小到大一点一滴教会的。在此过程中，父母付出了大量的时间、精力和情感。所以，很多父母理所当然地觉得，孩子应当听自己的话，自己的社会阅历和人生经验能让孩子少走"弯路"。

在这种教育观念的影响下，父母一方面以"爱"的名义给予孩子丰富的物质，另一方面又向孩子灌输自以为正确的理念，替孩子做出大大

小小的选择。殊不知，这样的养育方式不是在给孩子"爱"，而是在操控孩子的人生。

孩子和父母一样都是独立的个体，他的兴趣爱好、理想目标以及其他一切，都需要父母的理解和接纳，这是父母与孩子平等相处的基础。父母在生育之前就应该知道，孩子因父母而来，但不是附属品，父母没有权利去决定孩子的人生。

瑞士心理学家米勒说："一旦孩子被当作父母的私人财产，被父母利用以达到某种目的，一旦父母对他施以控制，他最基础的成长已经被粗暴地打断了。我们任何时候都必须尊重孩子，将他视为他自己生活的中心，这是孩子人格的最迫切的需要。"

**爱孩子不能以占有为条件，占有的爱是自私的爱。**

孩子在人格上独立于父母，他们只属于自己。他们有他们要走的路，总有一天他们会去寻找自己心灵的归属，而这个归属也是他们来到这世上的使命。作为父母，我们能做的就是提升自己的能量与智慧，聆听孩子的心声，给予孩子平等的待遇，用尊重与支持把我们的孩子培养得足够坚强，足够优秀。

把孩子视为自己的附属物，并迫使他们做自己不感兴趣的事情，可能会导致孩子逐渐失去自我意识，只会遵从家长的指令，这是家庭教育上的一大败笔。所以，父母在教育孩子之前，更应先学会自我教育，摒弃那种控制一切、指挥一切的错误观念。若能时刻铭记这一点，在教育孩子时就会更加顺利，亲子关系也会更加和谐。

# 02.
## 父母的缺失与遗憾，不该由孩子来承担

《家庭的觉醒》中提到过一个观点：让父母发火的不是孩子，是他们自己的恐惧。父母的恐惧往往来自过去的经验和对未来的不可控。当孩子有"不当"行为时，父母会不自觉地联想到自己的经历；当自己对眼下的状况不满意时，就把内心渴望的或未完成的心愿投注在孩子身上，以此来设计孩子的人生。

### ✎ 父母的过度担忧，源于内在的恐惧

父母与孩子相处的过程，是一场照见彼此的成长之旅。

在印度电影《起跑线》中，凭借自己的努力走出底层的拉吉夫妇，为了让孩子接受好的教育四处奔忙。拉吉的妻子米图特别害怕孩子会重复他们年少时的读书经历，一心想让孩子远离他们曾经受教育的学校。每当丈夫拉吉对孩子上学的问题发表与她不一致的言论时，米图就会抓狂，哭丧着脸，开始一段"碎碎念"：

"孩子上不了好的幼儿园，就进不了好的中学；进不了好的中学，就没法考上好的大学；考不上好的大学，就不能进入跨国公司找一份好工作。这样孩子就会被同伴落下，那孩子就会崩溃，最后孩子就会学坏，然后吸毒……"听到"吸毒"这样的惨烈结局，拉吉被吓得不行，赶紧同意妻子的想法。

影片中的拉吉夫妇，把对子女上学的焦虑展现得淋漓尽致。这份焦虑很大一部分来自他们自己早年接受教育的经历。他们担心孩子跌入自己踩过的"陷阱"，害怕孩子重蹈自己的覆辙，忧心孩子没有美好的未来。

医疗顾问利波尼斯说："思考过去或未来，是人们对这个世界感到心烦意乱的两种方式。"尽管拉吉夫妇的担忧有一定的道理，但妻子米图近乎神经质的焦虑，折射出来的却是她自己还没从早年的困境中走出来，没有足够的信心去掌控未来。

《傅雷家书》里有一封信讲述道，傅雷先生年轻时经常为孩子的学习之事发怒，到了 40 岁时，他对自己过往的行为做了反省，承认自己教育的失当。他深刻地意识到，之前一味地将自己认为对的投射在孩子身上是错误的。

直面自己的问题之后，傅雷给儿子写下了一封道歉信，里面真切地写道："孩子，我虐待了你，我永远对不起你，我永远补赎不了这种罪过……可怜的孩子，怎么你的童年会跟我的那么相似呢……幸亏你得天独厚，任凭如何打击都摧毁不了你，因而减少了我的一部分罪过。可是结果是一回事，当年的事实又是另一回事：尽管我埋葬了自己的过去，却始终埋葬不了自己的错误。"

当你倾注心力去探究孩子问题的深层原因时，当你在养育孩子的过程中频频感到焦虑和恐惧时，你应该意识到，问题可能不在孩子，也不在外部，而源于自身。如果你总将愤怒归因于孩子，你愤怒的可能是自己的无能；如果你总是对孩子过度担忧，可能是你的内在缺少安全感。只有深刻地理解自己，找到影响自己当下状态和行为的根源，才能突破自己的心智障碍，与孩子共同成长，给孩子正确的引导和教育。

辑四　孩子由你而来，
　　　但并不完全属于你

## ✎ 孩子不是父母弥补人生遗憾的工具

　　许多父母倾向于将自己未达成的心愿寄托在孩子身上，迫切地期望孩子能帮助他们实现这些梦想。这种行为看似"望子成龙""望女成凤"，实际上是父母把内在的缺失转嫁给了孩子，希望孩子能够接纳并缓解自己的焦虑，替自己实现未竟的抱负。

　　父母没能踏入名牌大学的门槛，便将这份遗憾化作对孩子沉甸甸的期望，日日夜夜地期盼着孩子能够学业有成，迈入那梦寐以求的名校殿堂；父母没有稳定的工作和收入，便憧憬着孩子可以考上公务员；父母在商海中几经沉浮，始终没能累积起可观的财富，便把所有的希望都寄托在孩子身上，渴望孩子能一飞冲天，实现家族的经济腾飞……这些近乎偏执的期望，像一座座无形的大山沉甸甸地压在孩子的肩头，却没有人问问孩子愿不愿意背负这样的使命。

　　这些年来，我在处理个案的过程中，见过一些偏激型的父母，他们对孩子的控制欲达到了惊人的地步，精心设计和操控着孩子的人生轨迹：从学业到职业，从生活到情感，无不插手其中。更令人感慨的是，**做这一切的初衷不是为了孩子本身，而是为了不在外人面前丢了自己的脸面，为了满足自己那可笑的虚荣心。**

　　这样的现象不是今天才有的，它更像是一个往复循环的"家族游戏"：祖辈们有一些愿望未能实现，便寄希望于自己的子女；这些子女为了完成上一代的梦想，往往会牺牲自己的愿望，等到他们为人父母之后，又希望下一代可以去完成自己的心愿。

　　孩子想要成为医生，认为这个身着白衣的职业无比崇高，然而父亲却不同意，他希望孩子能够成为教师，因为自己未能实现这一愿望。

　　孩子想要从事园艺工作，享受与人分享美好感觉的过程，但父母却不同意，他们希望孩子能够从商，强迫孩子学习金融、理财、投资和销售等专业，因为他们自己未能实现财富的积累。

孩子想和心仪之人交往，母亲却百般阻挠，希望女儿能够嫁给有钱人，以此改变家庭的命运。结果，孩子为了满足母亲的期望，放弃了与自己所爱的人共度一生，虽然拥有了不错的物质条件，可内心却丧失了对生活的热情。

对孩子的严苛要求和控制，并不是在为孩子积淀美好的未来，而是对孩子天性的残酷摧残，是对孩子未来的无情剥夺，是在利用孩子满足自己的某些欲望。这会让孩子在无尽的压抑和束缚中逐渐失去自我，最终毁掉孩子本该光明灿烂的一生。

遗憾的是，当充满爱与期望却又略显扭曲的教育模式成为一种惯性时，很少有人可以站出来提醒为人父母者反思：**如果这样的戏码持续上演，每一代人都在为上一代而活，没有人真正为自己而活，那生命的意义何在呢？**

# 03.
## 别因为你想赢，就教育孩子不能输

在"75后"和"80后"的父母中，有些人属于"知识改变命运"的践行者，他们通过努力学习接受高等教育，摆脱了早年的成长环境，过上了与父辈们不一样的生活；还有些人恰恰相反，早年没有把学习当回事，早早地就踏上了社会，由于文化水平不高，知识技能匮乏，只能从事一些苦重的工作，这也使得他们在成为父母之后，总是要求孩子要努力学习，希望他们将来不重蹈自己的覆辙。

尽管两种类型的父母人生路径不同，但教育孩子的路径却是高度相似。他们往往更看重孩子的学习成绩和分数排名，总觉得孩子成绩越好，未来的保障就越高。在这种认知的驱使之下，分数和成绩常被当作衡量孩子和家庭教育成就的标尺。

孩子获得优异的成绩，就会受到各种表扬和奖励；一旦成绩下滑，就要面临批评指责，甚至是全盘否定……很多父母自己就是在这样的环境中成长起来的，这也使得他们在为人父母之后，很难客观冷静地面对孩子不理想的学业成绩。

那些烙印在父母生命系统中的"情绪种子"，会本能地对学习成绩产生敏感反应，一旦看到孩子成绩不好，就会焦虑、恐惧和不满，忍不住批评指责，给孩子增加作业量，更有甚者会在冲动之下做出过激的反应，以威胁恐吓等极端方式来对待孩子。实际上，父母的这种期望和反应，是缘于个人对"赢"的追求，以及对"输"的恐惧。

### 教育不是一场简单的成绩竞赛

曾有一则新闻报道轰动全网：一个男孩因为考试成绩没有达到妈妈期望的 95 分以上，结果被妈扔在了高速路口。民警得知情况后，试图通过电话劝解孩子的妈妈，没想到这位妈妈却以异常坚定的态度回应："就算坐牢也不要他了。"这番话如同冰冷的刀刃，刺痛了每一个听到这个故事的人的心。

其实，那位妈妈内心并不是真的想要抛弃自己的孩子，她那看似无情的决定背后隐藏着对孩子未来的深切期望和焦虑。她是想通过这种极端的惩罚和威胁，让孩子在往后的日子里更努力，取得更好的成绩。然而，这样的教育方式无法调动孩子的内驱力。妈妈的言行和态度，只会让孩子感到被否定、被遗弃，甚至对学习产生恐惧和厌恶。

教育是一个让孩子发现自我、实现自我价值的过程，而不是一场简单的成绩竞赛。教育孩子需要耐心和理解，父母的角色应该是孩子的引导者和支持者，而不是控制者和命令者。一味地紧盯着成绩和名次，不仅无法从根本上激发孩子对学习的热情和动力，还会激发亲子之间的矛盾——孩子越来越厌恶父母，父母觉得孩子越来越叛逆。

好的教育是鼓励孩子探索自己感兴趣的事物，支持他们在自己选择的领域里追求卓越。通过这种方式，让孩子学会如何面对挑战，如何从失败中吸取教训，以及如何在竞争中保持自己的个性和原则，而不是让他们遵循一个预设的路径。

许多父母不断地"鸡娃"、卷成绩，其初衷就是想用好成绩来博一个好前程。学习确实是一件重要的事，但学习不仅限于读书的十几年。在这个信息爆炸的时代，我们无法确保孩子今天学到的就是未来需要的。学习是需要持续进行的，活到老学到老。在孩子成长期间，过度"鸡娃"不只会给孩子造成巨大的心理压力，还会让孩子失去学习的兴趣和热情，甚至产生心理问题，这种影响是深远的。

如果教育单纯以"考试"为目的，以"成绩"为唯一的考核标准，培养出来的孩子或许可以赢了高考，却未必能赢了人生的大考。相比学习成绩，孩子的身心健康与人格健全更重要。任何文化知识都是可以弥补的，唯独孩子的成长只有一次。热爱与好奇不该被分数浇熄，保护好孩子内心的火焰，才能让他们在人生路上熠熠生辉。

### 引导孩子树立正确的输赢观

教育是一个生命影响另一个生命，遵从"上行下效"的规律。作为新时代的父母，我们要尊重环境、尊重规律、尊重孩子、尊重自己。无论是出于个人发展、孩子教育，还是出于为社会作出贡献的目的，我们都要提升认知和觉悟。因为父母的思想决定着孩子未来的发展方向，父母的教育观影响着孩子对世界的认知、对自我的认同、对生活的态度。

父母过分看重孩子的成绩、过度追求赢，往往会导致孩子难以承受失败，陷入输不起的困境。人生是由各种不同的经历累积而成的，没有人能够一生都处于赢的状态，也没有人会一直遭遇失败。与其不断地给孩子施加压力，迫使孩子追求高分和第一的位置，不如培养孩子形成一个健康、正确的输赢观。这样的观念可以帮助孩子在面对人生中的各种得与失时，保持一种从容不迫的态度。

在《少年说》的某一期节目中，就读高二年级的男生吴某某说，别的父母都希望孩子排名越高越好，可他的父母却不是这样。高一的时候，他考试得了年级第一，父母非但没有表现出开心，反而担心他会被嫉妒，被冷嘲热讽。最近的一次期中考试，他得了第三名，妈妈却觉得这个名次很好。

吴某某不太理解妈妈的反应，他想向妈妈要一个答案："为什么其他父母都是不断鼓励孩子,你总是打压我的上进心?追求进步有错吗?"

妈妈说,他是一个严谨自律的孩子,总是给自己设置高目标,自我施压,曾经把"第二就是落后"写在课桌上。有一次,她给孩子发红包,他没有接收,理由是"又不是第一,有什么好收的"。作为妈妈,她不想让孩子背负太大的压力,想让孩子有一个正确的心态和输赢观:"第一名没那么重要,生活中不止有高考,还有诗和远方。"

孩子积极参与竞争是好事,可如果得失心太重,只能赢不能输,在面对失败时就可能会产生强烈的自我怀疑。长期处于这样的压力之下,不仅会影响孩子的心理健康,还可能抑制孩子的创造力和探索精神。我们不禁要给这位妈妈点赞,她超越了"唯成绩论"的思想观念,积极引导孩子正确地看待输赢。当孩子对结果不那么执着时,他才能够举重若轻,在面对挑战时更加从容不迫,面对人生的起起落落都能保持平和的心态。

透过这个案例,我们再次印证一个事实:想要成功地教育孩子,父母要先实现自我思想上的转变。这涉及对生命过程的深刻理解,对教育规律的充分认识,以及对正确人生态度的坚持。父母要深入探索自己内心深处的情绪记忆,清除那些潜在的、可能影响孩子成长的负面"种子"。通过这样的自我反省和思想更新,为自己、为孩子、为家庭带来不一样的提升。

# 04.
## 最好的托举是让孩子成为自己

每个孩子都有其天性和禀赋，都是一个独特而且独立的个体。让孩子成为自己，这是个人成长和教育孩子最为核心的问题。每个人来到这个世界上都带着自己的使命和成长的需要，让孩子在经历的过程中能够发现自己、还原自己，孩子才能做自己的主人，拥有自己创造自己的权利。

孩子没必要把创造自我的权利交给他人，不应被他人强制性地闯入自己的内在去塑造自己，不需要成为别人期望的样子，更不必成为任何人的复制品。只有真正了解孩子内心成长的需求，尊重孩子的人格，才能与孩子建立情感上的链接，引导孩子完成他们的成长之路。

### ✎ 让孩子成为他们想成为的样子

当一个新生命诞生后，父母总是会对他们寄予很多的期许，希望孩子成为自己理想中的样子，渴望把孩子培养成自己理想中的人才，认为自己给孩子的安排是最好的。秉承这样的信念，父母费心劳力地培养孩子，可是最后的结果却并不尽如人意，要么是孩子没有实现自己的预期，要么是孩子根本不想遵从自己的安排。

其实，这也是一种必然。孩子是独立的个体，有自己的想法和判断，即使在父母眼中那些想法可能是微不足道的、幼稚的，可那毕竟是孩子自己思索的结果，他们在尝试自己掌控人生。很多时候，孩子背离父母的预期并不是一种背叛，而是他们想要走自己的路。

**世界上没有两片完全相同的树叶，每个人都有与众不同的个性和特质，不能强迫孩子去掉自己原本的个性，接受父母设计的个性。**无论你是否喜欢孩子原本的个性，都要接纳和理解，因为那是对生命个体的尊重。只要孩子能够心理健康，快乐成长，对他们来说就是最好的养育基础。父母要接受和理解孩子的个性，不要用愤怒和指责去试图纠正孩子，不能因为自己是长辈，是生他们、养他们的人，就随意把自己的想法强加到孩子身上。

**对于孩子来说，最好的养育是托举孩子成为他们自己想要成为的样子。**这种托举不是嘴上说说，而是要体现在生活的各个方面，比如：孩子对某个事物感兴趣，在没有害处的情况下，家长要尽可能地支持和鼓励；认真聆听孩子的童言童语，不要随意反驳或者嘲讽孩子的意见、建议等。

有的家长觉得孩子性格内向，就要强行把他们变得外向，逼迫孩子去参加集体活动，让他们在陌生人面前表达自己。这不是对孩子的托举，而是一种反向的压制。这样做的结果往往适得其反，会让孩子变得更加沉默甚至害怕与人交往。每个人都有自己原本的特质和性格，并无好坏之分，不能用所谓的标准去强行让孩子改变。

在孩子成长的过程中，不要强求他们和其他人保持一致，每个孩子都有自己的性格特点，要鼓励他们释放自己的天性。与此同时，也要让孩子理解，人作为社会中的一分子，要适应社会，学会共情，学会如何与人相处。

## ✎ 把人生的选择权交还给孩子

父母爱子心切，恨不得将自己全部的爱给予孩子，可是有些时候，我们对孩子的好，只是在满足自己的需要，是想让自己过往的缺失在孩子身上得到弥补。父母需要认识到，虽然孩子由自己而来，但他们与父母有着本质上的差别。

孩子与父母的基因高度相似，但并不完全相同。他们有自己的个性，有自己的喜好，有自己渴望学习和了解的事物，也有自己要完成的人生"功课"。既然孩子是独立的个体，就应该把人生的选择权交还给孩子。

胡女士虽然只有三十多岁，但她的面容上却留下了明显的岁月痕迹，总是露出一种饱经生活磨难的神情。从她的叙述中我得知，她的父母从事着受人尊敬的职业，一位是教师，另一位是医生。他们对工作勤勉尽责，对子女寄予厚望。然而，父母的高期望却给胡女士带来了沉重的压力。她觉得自己就是为父母的期望而活，没有自己的空间和自由。

为了帮助胡女士处理第二次婚姻失败带来的情绪，我用情志疗法引导她回溯与之相关的情绪记忆。她回想起童年时，母亲对她格外严格。从上小学起，除了学校的作业，每天还要完成母亲布置的额外作业，而这些作业往往比学校的还要繁重。

每当她透过窗户看到同龄的孩子在玩耍时，心中便充满了羡慕和失落。如果母亲回家发现她没有在学习，或者作业做得不好，就会严厉地责备她。她每天必须完成所有作业，才能去吃饭。面对胡女士的委屈和泪水，母亲总是说："这都是为了你好。"

胡女士的学习生涯几乎都是在恐惧和紧张中度过的。我询问她："当时最想对母亲说什么？"她脱口而出："不要这样对我，给我一点自由吧！"我让她反复表达这个愿望，她失声痛哭，释放出了多年来一直压抑在心里的委屈。

情绪稳定后，胡女士继续讲述她的经历。她的第一段婚姻是父母一手安排的，父母以门当户对为由，为她选择了一位她并不喜欢的男士。她在没有爱情的情况下步入了婚姻。婚后不久，她便发现丈夫有了外遇，这段婚姻很快就结束了。事后，父母认为第一任丈夫为人轻率，应该找一个老实本分的伴侣。

两年后，在父母的再次安排下，她开始了第二段婚姻。这次，父母为她挑选的伴侣很老实，但几乎不参与任何家务，很少与她交流，两人之间几乎没有沟通。在忍受了几年之后，胡女士不得不选择再次离婚。

胡女士的父母一直都在以爱的名义为孩子安排一切，过高的期望给胡女士带来了巨大的压力，也剥夺了她应有的自由。这种过度的控制不仅阻碍了胡女士生命能量的自然流动，还使她变成了一个失去活力和快乐的"空壳"。

这些年来，我在处理个案的过程中经常看到，当孩子总是处于父母的限制之中时，看似风平浪静没什么异样，可是一旦情绪爆发就会势不可挡，常常发生令人心痛的悲剧。

"呼吸法"可以帮助人找到阻碍生命能量流动的淤阻点，大量的个案事实显示，这些淤阻通常都是小时候受到管制或约束时闷在心里的话，其中最多的就是"我很累，我渴望自由"。每每听到这样的内在声音，我都很感慨：父母是父母，孩子是孩子，父母与孩子并不是一体的，父母凭什么代替孩子做决定？凭什么包办孩子的一切？为什么孩子的人生要依从父母的意愿？为什么孩子不能听从自己内心的想法？

当一个人的身体、情绪、感觉、心理、认知、精神等都相互连接着时，其生命之花才能以最美妙、最喜悦、最智慧、充满爱的状态和谐地盛开。孩子有自己的思想、兴趣和爱好，父母应该尊重孩子，让孩子在经历中寻找属于自己的路。

TED 演讲《如何在不过度管教的情况下，培养出成功的孩子》里有一个观点：我们的孩子应该是野花，未被命名的那一种，而非需要父母精心修剪的盆栽。著名漫画家蔡志忠认为，**教育就是要让孩子快乐地一**

辈子"当自己"。

父母要认识到，时代在发展，我们的认知可能无法应对当今时代的问题。"一代人有一代人解决问题的方法"，父母的教育方式要想跟上时代的变化，就要站在更高的位置看得更远。如果父母再不去成长，去提高认知，对孩子的教育只会成为障碍。

想要提升自我，就必须清除情绪卡点，翻越自我的认知障碍。当我们掌握了生命的底层规律，就会在教育孩子的路上少走许多弯路，并且能够提前预防和避免错误的教养方式，无须用孩子成长的代价来验证规律。

生命本应是自然成长的过程，孩子需要活成他们自己喜欢的样子，而不是父母想要的样子。每个人的路都是靠自己走出来的，放手让孩子去选择自己的人生，才是父母最该做出的抉择。

# 05.

## 给予孩子应有的尊重与自由

每个人都有存在的意义，有表达自我个性的权利，都渴望得到他人的尊重。在人类社会中，相互尊重构成了我们的基本行为准则。

孩子作为拥有独立思考能力和独特个性的个体，同样享有被尊重的权利。在家庭教育的实践中，尊重孩子应当是每位父母坚守的核心原则。尊重孩子的独特性、爱好、决定以及尊严，孩子的内在力量会不断地增强。

遗憾的是，许多父母常常忽视了这一点，认为孩子的成长和发展完全取决于自己。这种思维方式导致父母对孩子过度干预，从而限制了孩子身心的健康发展。

### ✏ 和孩子有关的事情，要与孩子平等协商

在现实生活中，虽然很多家长都知道应该尊重孩子，但是很难真正做到。因为在他们看来，孩子是自己的"私有财产"，必须由自己来安排。如此一来，他们自然不会把孩子当成独立的个体来对待，也就不可能给予孩子应有的尊重。

朋朋的妈妈非常勤快，每当发现朋朋的房间凌乱不堪，她总是及时将玩具和其他杂物整理并妥善收纳好。她原以为儿子回家后见到整洁的房间会感到欣喜，但出乎意料的是，朋朋从幼儿园一回来就变得焦躁不

安:"我的玩具都去哪儿了?你把它们都藏哪儿了?"

面对儿子的质问,妈妈也很生气:"我辛辛苦苦帮你整理房间,你却对我发火,这太不应该了!"母子俩因此事经常发生争执。妈妈没有意识到问题的根源在自己,而把问题指向了孩子:"小小年纪,怎么性格如此暴躁?"

一个18岁的女孩每每回忆童年,依然对母亲随意将她的玩具或书籍赠予他人的行为耿耿于怀。那种被忽视的感受让她难以忘怀。实际上,朋朋之所以对母亲的行为反应如此强烈,也是因为感觉自己不被尊重。

当孩子造成环境混乱或物品损坏时,父母应避免立即帮其处理。既然是孩子造成的混乱或损坏,他们也应当承担起整理和修复的责任。在成长的道路上,孩子特别重视规则和秩序的建立。父母若总是代为解决问题,就会不断干扰孩子内在秩序感的发展。虽然表面上看似一切被父母安排得井井有条,实际上,这种做法可能对孩子的内心安全感造成负面影响,使他们内心感到无序和混乱。同时,父母的这种行为也相当于剥夺了孩子自我管理的机会,为他们植入了不负责任的倾向。

父母若真心希望为孩子合理规划空间,应先与孩子进行协商,协助他们养成整理玩具、有序摆放物品的习惯,切勿在未征询孩子意见的情况下,擅自破坏他们对物品的处置权,剥夺他们应有的权利。

当孩子们因某件物品或某件事情发生争执时,父母应尽量避免直接干预或以主观方式解决,而是应帮助孩子树立沟通意识,甚至可以借鉴法庭审理的方式,注重证据和论证,引导孩子学会理性沟通。这种方式不仅能在尊重孩子的前提下给予他们安全感,还能教会孩子尊重他人,并且增强他们的自主能力。

### 自由是成长的土壤，给孩子自主的空间

人通过自由支配自己的身体和行动获得尊严，通过自由使用自己的选择能力获得思想上的独立。自由不仅仅是身体上的无拘无束，更是内心深处的解放。**当一个人在思想上受到限制和压抑时，内心的能量无法顺畅流动，心理上的紧张和畏缩便随之而来**。即使仅仅是身体上的束缚，也会导致心理上的压抑。只有当可以自由支配身体时，孩子才能展现出鲜活的生命力，内心也会随之开放。

自由不仅关乎身体的健康发展，更与孩子的情绪、心理、认知和精神的成长息息相关。自由的核心是内心的解放，只有心灵上不再感到压抑，人才能拥有足够的能量去面对生活中的一切挑战。只有内心没有束缚，孩子才能健康成长，发掘自己的潜能。

很多父母常常告诉孩子："我这样做是为了你好！"在父母眼中，自己所有的行为都是出于对孩子的爱。然而，这种"爱"往往成为限制孩子自由的理由。父母在无形中剥夺了孩子选择的权利，限制了孩子的独立思考，甚至打击了孩子的自尊心和自信心。长此以往，孩子不仅会感到自己无法自主，还会形成对父母的依赖和反叛心理。

父母的任务是用正确的方式和适当的尺度，引导孩子在自由中成长，而非通过束缚来"保护"他们。尊重孩子的自由，意味着要尊重孩子的选择，理解他们的需求。比如：当孩子看电视、玩游戏或和朋友打电话时，不要直接关掉电视、夺过手机或挂断电话，要先与孩子沟通，询问他们还需要多少时间，与他们一起商量，帮助他们自主安排时间。

正所谓："授人以鱼，不如授人以渔。"父母把孩子当作一个平等的主体来看待，尊重他们的感受和选择，给孩子更多的自由和空间，让孩子自己做决定、自己经历，不仅能够锻炼孩子动脑解决问题的能力，还能减少孩子对父母的依赖，让他们更独立、成熟、快速地成长。

## 辑四　孩子由你而来，但并不完全属于你

在对孩子的教育中，父母的教育方式往往受到自己成长过程中的经验和情感记忆的影响。很多父母可能在自己的成长过程中曾经历过父母的过度限制、严格管束，或者没有得到应有的尊重和自由。这些经历往往在父母的内心深处形成了"文件包"，也就是情感和记忆的积累，而这些"文件包"无形中影响了他们对子女的教育态度和行为。

养育孩子不仅是一个教育过程，更是父母的一场自我修行。父母的每一步自我修行，都将深刻影响孩子的人生轨迹。只有父母在思想上有所改变，才能给予孩子一个无压迫、充满选择自由的成长环境，帮助孩子形成健康的自我认知和健全的人格。

# 06.
## 沟通不是言语指令，是用心看见孩子

回顾往昔，我们大都有过这样的体验：有些事情宁愿自己默默承受，也不愿意和父母分享。为什么我们不愿意对父母讲呢？或是担心父母不理解，或是害怕他们的反应过于激烈，更担心父母刨根问底、批评指责……倾吐之后要面对的情形，比独自承受还要令人痛苦，自然也就没有了倾吐的欲望。

当我们自己成为父母之后，也想给予孩子全部的爱，让孩子健康快乐地成长。可是，在面对孩子的沉默时，我们往往又会重演早年自己最不愿意看到的情景：孩子越不愿意说，越想要问个究竟；孩子终于开口，却又忍不住批判他。当初埋怨父母不能做到倾听自己、理解自己，等自己成为父母之后，也没能用更理想的方式与孩子沟通。这也再次印证了一个规律：父母不提升思想觉悟，不做出改变，就会延续上一代的教育方式，让曾经发生在自己身上的伤害在孩子身上重演。

每一个父母都希望能够与孩子建立充满信任的关系，都希望孩子能够把自己当作知心朋友。只不过，这种愿景不会自然而然地发生，它需要父母改变思想观念，发自内心地意识到孩子不是自己的附属品，要以平等的姿态与孩子进行沟通，同时还要掌握沟通的艺术。

### ✎ 培养孩子倾诉的习惯

要想与孩子达成有效沟通，就要让孩子学会倾诉自己的心声。

## 辑四  孩子由你而来，但并不完全属于你

倾诉的习惯不是与生俱来的，需要有意识地培养。特别是受传统文化影响，许多家庭往往强调含蓄和克制，不太习惯表达内心的感受。这有利于塑造内敛的品质，却也有时候限制了人际关系的开放，让人不太容易敞开心扉。

父母是孩子最亲密的养育者，在教育下一代时，我们应当克服这一阻碍，有意识地帮助孩子培养倾诉的习惯，让他们敢于说出自己的想法和感受。哪怕孩子的想法显得有些天真或荒诞，也应该鼓励他们继续说下去，而不是立即纠正或否定。我们要做一个耐心的倾听者，理解孩子的内心世界，并在适当的时候与孩子分享自己的想法和感受。**只有当孩子知道，无论他们说什么，我们都会认真倾听并给予回应时，他们才会更加愿意开口，渐渐培养出表达自己情感的习惯。**

随着社会环境的不断变化，一些孩子变得越来越孤单。当他们每天走出校门回到家中时，大门一关便与外界"绝缘"了。独生子女的现实，父母的忙碌、专横与不耐烦，使他们连个说心里话的人都没有。于是，有效排除烦恼、缓解情绪的方式就只剩下网络了。只有在网络中，孩子才可以找到能听懂他的话、了解他的人；只有在游戏中，孩子才能真正宣泄内心的不快。这也是许多孩子迷恋游戏、沉沦于虚拟世界的原因所在。

这不是孩子的错，是父母陷入事业的漩涡，忙于赚钱和应对社会压力，忽视孩子的情感需求，造成了孩子和父母缺少沟通、相互无法理解的现状。一些父母往往会忽略孩子内心世界的复杂性，孩子不说并不等于他没有想法，而是我们没有给他诉说的机会，或者说，是因为我们没有用心倾听孩子说出内心的感受。

当孩子无端发脾气、无理取闹，甚至故意做出一些明知不对的行为时，父母可能会简单地将其视为"不懂事"或"叛逆"。其实，这些行为都是孩子表达自己想法的方式。他们的内心充满了烦恼、困惑和孤独，

却找不到合适的倾诉对象，只好以这样的方式引起父母的关注，寻求一种情感的宣泄。如果父母意识不到问题的严重性而任其发展的话，孩子将来有可能会成长为一个粗野、不讲理、暴戾的人。

### 沟通不是单方面的指令

在很多家庭中，父母与孩子之间的沟通往往是单向的——父母说，孩子听；父母发出指令，孩子服从。尤其是在一些传统的家庭教育观念里，父母被视为"权威"，孩子则是服从者，父母常常希望孩子能听从自己的安排，按照他们的意愿去生活。

这种单方面的指令式沟通，很容易对孩子的身心健康造成伤害。当父母习惯性地以"命令"的方式与孩子沟通时，往往忽略了一个重要的事实——孩子同样是一个独立的个体，也有自己的想法和感受。

有些父母习惯在孩子放学后安排一连串的任务：做作业、刷牙、睡觉，每一步都让孩子按部就班地按照指令去做。这种"安排式"的教育，虽然看似高效，但却忽略了孩子的感受。孩子没有机会表达自己对这些安排的看法，也没有自己的选择权。在这样的模式下，孩子逐渐失去了对自我感受的敏感度，也丧失了与他人沟通的能力。

将孩子视为"听话的机器"，不让他们表达自己的想法，亲子关系就会变得僵硬。**真正的沟通应该是双向的，它不是父母对孩子提出要求或发出指令，而是一个平等的对话过程。每个人的声音都应该被听见，每个人的感受都应该被尊重。**

### 沟通的核心在于"看见"

语言是带有能量的，它能够通过看不见的力量影响身边的人。作为最亲密的家人，父母与孩子的关系无时无刻不在受语言的能量所影响。语言是沟通最主要的方式，但真正影响沟通效果的关键，并不在于父母说了什么，而在于孩子感受到了什么。

我曾经在线下沙龙中做过一项调查，结果发现：父母的沟通通常都会有类似的演变顺序：讲道理→冷处理→批评、生气、指责。

一位有三个孩子的爸爸表示，他对大女儿采用的是"做错事就批评"的教育模式，孩子在读高中时，与父母的关系进入了"对抗期"，总会躲在房间里不肯吃饭，妈妈也因为生气而对她动辄责骂，家庭的氛围一度降至了"冰点"，这样的生活延续了两年。

当他学习了心智教育体系之后，他的夫妻关系、亲子关系以至于家庭氛围都有了巨大的改善。他开始试着把孩子视为一个独立的个体。他的改变带动了孩子的改变，无论是在自信心还是学习成绩上，大女儿都表现出了惊人的进步。

99%的亲子关系都可以通过好好沟通来解决，关键在于父母能否做到好好沟通。沟通的核心不在于方法技巧，而在于情绪管理。情绪才是影响沟通效果的深层因素。沟通无外乎就是打破两颗心之间的壁垒，想要拉近心灵之间的距离，父母需要在做每一件小事、每一个决定时，做到先看见孩子的需要，传达给孩子一个信息：孩子，我理解你的感受，我尊重你表达的所有意见。

怎样才能真正做到感受孩子的感受呢？答案就在我们自己身上。

所有的亲子问题背后，藏着的都是积累已久的情绪。从问题循迹而上，才能找到根源，彻底解决问题。家是讲"爱"的地方，良好的情绪是良好沟通的基础，也是有效传递"爱"的基础。父母先把阻碍自己好好沟通的情绪清理掉，才能与孩子建立良好的、舒适的沟通关系——你说，孩子愿意听；孩子说，你也能做到用心倾听。

# 07.

## 允许孩子有隐私,边界是独立的象征

许多父母内心深爱着孩子,但在表达爱的时候却常常会用错方式:他们事无巨细地介入孩子的生活,掌控着孩子的每一项决定,从饮食到穿着,从学习到娱乐,几乎把每一个细节都安排得面面俱到。父母"全权负责"的教育方式忽视了一个至关重要的事实:不管是成人还是孩子,每个人都渴望拥有自己的独立空间与隐私。

### ✎ "全包围式"的爱是在侵犯孩子的隐私

父母常常要求孩子不要随便翻动自己的东西,这是对个人物品和隐私的一种保护。与之相反,父母却很少意识到,孩子和大人一样,也是独立的个体,也希望有自己的秘密和独立空间。

很多时候,为了确保孩子的成长朝着正确的方向发展,父母总是过度干涉孩子的生活:从早晨的闹钟声,到放学后的课外班安排,甚至是孩子的朋友圈和个人喜好,都被父母严格审查……**这种看似无微不至的关心和爱,无法给孩子带来真正的安全感,反而会带来压迫感与窒息感。**

一向乖巧的孩子,因为妈妈在整理房间时动了自己的东西,和妈妈发生了剧烈的冲突。他大声地喊着:"为什么不告诉我就动我的东西?""我的游戏机呢?你把它藏到哪里去了?""那是我的东西,你凭什么把它扔掉?以后不许乱动我的东西!"

孩子并不是无理取闹,而是没有得到应有的尊重后的正常反应。父母随意挪动或处理孩子的物品，孩子会感觉到自己的私人空间受到了侵犯，内心的安全感被打破。这种侵犯感会激发孩子强烈的不满与愤怒。心理学研究指出，父母和孩子之间也需要有"间隔"，这意味着孩子需要独立的意愿和"空间"，而不是被父母时时刻刻地干涉。

每个人都需要属于自己的小世界，这个小世界可以是一个秘密的角落，也可以是一个不受打扰的私人空间。孩子的房间、书桌、日记本……都可以是他们独属于自己的"私密区域"，父母应给予尊重，允许他们在这个空间里自由地生活、思考和成长。

**孩子的秘密在成人看来或许显得幼稚可笑，然而在孩子的心中，这些秘密却是庄严且不容侵犯的。**父母应当避免窥探孩子的日记和信件，避免偷听孩子的通话，避免迫使孩子揭露他们不愿公开的秘密，更应避免嘲笑或轻视孩子的隐私，切勿说出"这么小的孩子，能有什么秘密"或"你那算什么秘密"之类的话。父母的轻视和嘲笑会导致孩子产生抵触情绪，不愿与父母进行交流，更别提分享心事了。

### ✎ 尊重隐私就是尊重孩子的边界

隐私意味着孩子拥有一块属于自己的领域，那里可以不受外界干扰，做自己喜欢的事，思考自己的问题。这是孩子与外部世界之间的界限，边界是独立的象征。在此期间，父母应当扮演好引导者的角色，而不是成为干预者和控制者。

父母应该教育孩子如何保护自己的隐私，同时也要教会他们尊重他人的隐私。通过这样的教育，孩子能够学会在适当的时候分享，也能够理解何时需要保持沉默。这种能力对于他们未来建立健康的人际关系至关重要。父母应该鼓励孩子在自己的小世界里探索、创造和编织梦想，这些活动是孩子个性发展和自我认同形成的重要部分。

有些家长总是打着"担心孩子"的旗号，试图挖掘孩子不想让人知道的秘密。这种行为不仅侵犯了孩子的个人空间，还可能破坏孩子对父母的信任。孩子需要安全感，知道自己的私人空间受到尊重。当父母过度干涉时，孩子可能会感到被束缚，无法自由地表达自己，这会阻碍他们的情感发展和自我探索。

父母还需要特别注意，切勿随意泄露孩子的隐私。孩子和大人一样，都拥有自己的尊严与隐私。**一些小事在大人看来也许无关紧要，但在孩子眼中，这些小事可能是他们心中不容触碰的隐私。**当大人以开玩笑、恶作剧或强迫命令的方式揭露孩子的"隐私"时，即便是无意之举，也可能对孩子的心灵造成深深的伤害。

自尊心是影响孩子健康成长的关键心理因素，如果孩子在成长过程中自尊心遭受伤害，可能会导致严重的心理问题，如自卑或对抗心理。尊重和保护孩子的隐私，其实就是在尊重和保护孩子的自尊心。

尊重孩子的隐私，不是一句口号，更不是一种表面的姿态，而是父母应当付诸实践的行动。只有真正为孩子提供独立的空间，并尊重这一空间，才能获得"亲密有间"的亲子关系。父母与孩子在尊重中保持距离，在孩子需要时给予必要的支持，在孩子尝试独立时给予足够的空间，既保持了情感上的联结，又避免了过度干预，让孩子在一个充满支持的环境中更好地成长。

【个案解读】

精心培养的孩子，为何高考前在家"躺平"？

那是一个冬日的下午，我应一位母亲的邀约去探望她的儿子。这位母亲是北京某医院的一位妇产科主任医师，她的儿子正在读高中，当时已经没办法正常上学了，甚至连家门都不想出，几乎整天躺在床上，不是这里疼，就是那里不舒服，一切似乎都和"病"挂钩。

为了让孩子恢复健康，重返校园，这位母亲尝试了各种可能的方法：中医、冥想、心理治疗……她不遗余力，只希望帮助孩子摆脱困境。她带着疲惫与焦虑的语气向我诉说："这孩子总是抱怨这儿疼那儿疼，什么都不想做。我已经尝试了无数方法，但都不太奏效。"作为一名医生，她治愈了无数患者，然而面对自己的儿子，却感到无能为力。

我轻轻走进孩子的房间，屋内光线昏暗，他蜷缩在床上，目光游离，显得冷漠又防备。经过半小时的交谈，孩子对我建立了初步的信任，就在这个时候，他突然开口说："其实，我不是什么都不干。我在家写小说，还偷偷用笔名发表了不少作品。"他的语气中带着一丝得意，但更多的是一种小心翼翼的试探。

我感到惊讶，但还是轻声问了一句："为什么你不告诉妈妈呢？"

他立刻警觉起来，神情紧张地说："千万不能告诉她！你不能告诉她，否则我就死定了。"

我继续问："为什么这么害怕妈妈知道？"

他低声说道："我只要一想学什么，妈妈就会给我请最好的老师，让我使劲地学，逼我做到最好。如果我不练或是表现不好，她就会骂我，还会狠狠地打我。其实，我就是想简单地做一点喜欢的事，可在妈妈眼里，这都得成为一个'任务'，我实在受不了那种压力。"

在进一步的沟通中，我了解到，这位母亲从孩子年幼时起，就倾注了全部的心血，想让他在各方面都表现优秀。从学钢琴到跑步，只要孩子表现出一丝懈怠，她就毫不留情地责备他，甚至动手打他。母亲的出发点无疑是爱，可她的爱混杂着自己的焦虑和对成就的执念，成为一座压在孩子身上的大山。

这样的成长经历，在孩子的生命系统里形成了一个"文件包"，让他不敢尝试和追求喜欢的东西。事实上，他不是讨厌学习本身，而是因为一直生活在母亲过度期望的阴影下，每一次面对学习任务，都会让他不自觉地联想到母亲的期待和要求，内心充满了焦虑和恐惧。

这种长期的压抑和恐惧，不仅影响了他的学习效率，更让他的身心受到了严重威胁。在临近高考之际，这种情绪压力变得愈发沉重，几乎让他无法呼吸。每当拿起书本，他心中便涌起一股无形的压迫感，仿佛每一页都在提醒他母亲的期望和自己的无力。在高考这一重要的转折点，他感受到的不是对未来的期待，而是对即将到来的批判和无限失望的深深恐惧。

了解了孩子的真实想法和感受之后，这位母亲露出了愧疚的表情。她低下头轻声说："我真的没有想到，一直以来，我给他带来了这么大的负担。"后来，这位母亲参加了"生命智慧"与"为人父母"课程的学习，我也通过个案处理，帮她释放了心中的焦虑和压力，引导她放下对孩子的控制与过度干预。随着母亲调整了对待孩子的方式，孩子的身体状况也逐渐发生了好转，但由于长期的情绪积压，他仍然需要进一步的调理。

我建议这位母亲，尝试用在课程中学习到的方法，帮助孩子调整情绪，缓解身体的紧张。母亲表示，她很愿意尝试，可孩子好像无法接受，她说："只要我一碰他，他就会喊痛，真的只是轻轻摸一下，他就说痛，不知道为什么会这样？"

听她这样一说，我立刻就明白了，我跟她解释说："这就是'文件包'的作用。从小到大，孩子无论学什么，你都要求他做到最好，做不到就训斥和打骂。这些情绪和行为已经深深烙印在孩子的身体上，每次你一触碰他，他的身体就会发出疼痛的信号。这不仅仅是身体的痛，更多是内心的恐惧和防御。"

此时，这位母亲终于意识到，孩子的每一次疼痛，并非身体上的问题，而是心理和情绪上的反应。她所施加的压力，早已深深影响了孩子的心理和身体。孩子的身体开始反映出他内心的恐惧与不安，每一次与母亲接触，都激活了这些潜藏的情绪。

好在，随着这位母亲的自我成长和提升，她开始让孩子体验到了更多的自由，拥有了更多的个人空间，孩子的身体状况和心理状态也愈发好转。经过几次疗愈，孩子恢复了对生活的兴趣，身体的疼痛也得到了缓解。他开始重新审视自己的未来，最终决定重新上学。尽管他仍然面临一些挑战，但他已经能够逐渐克服这些困难，迈出人生的新步伐。

这一个案再次提醒我们，孩子是独立的个体，他们需要的不是父母的过度控制，而是尊重和支持。真正的爱不是为了满足父母的期望，是让孩子成为他们想成为的自己。

# CHILDREN
## Parent's Greatest Journey

辑五 〉 父母的心智状态，决定孩子的模样在教育孩子的过程中，父母对待孩子的方式是好是坏，是积极还是消极，只有一个判断标准：是否能够提升孩子的能量和增加自我价值感。能够提升孩子的能量、增加孩子自我价值感的方法有利于孩子生命成长，就是好的，是在爱孩子；消耗孩子的能量、降低孩子自我价值感的方法是在限制孩子的成长发展，就是坏的，是在害孩子。如何成为一个滋养型的父母，如何提升心智能量，这是为人父母要研究的课题。

# 01.

## 精神引领人生，思想塑造命运

精神和物质相互依存、紧密相连，构成了广袤世界中万象纷扰的事物和各种因缘相续的结果。人也是由有形的实体和无形的精神共同构成的，身体是有形的，是可以通过感官来认知的物质实体；思想、意识是不能用肉眼看见的非实体，属于精神层面。如果没有了有形的物质实体，精神就会无所依托；没有精神的引导，物质的存在便成了一个空壳，失去了存在的意义。两者共生共存、同为一体、缺一不可。

人的生命不仅仅是肉体的存在，更包含了精神层面的需求和追求，正是这两者的结合，成就了每个人不同的命运轨迹。这不仅是哲学的命题，也在生活中得到了广泛的验证。无论是个人的事业发展、健康状况，还是人际关系和财富积累，内在的精神状态始终对外在的物质表现起着决定性作用。

### ✎ 内在的思想，决定人生的走向

在一个忙碌的工地上，有三位石匠正在干活。有人问他们："你在干什么？"三位石匠给出了截然不同的解释。

第一位石匠说："我在混口饭吃。"

第二位石匠边干活边说："我在做世界上最好的石匠活。"

第三位石匠仰望着天空，无比兴奋地说："我在建造世界上最坚固、最美丽的房子。"

多年后，三位石匠的人生轨迹大相径庭：第一位石匠依旧在贫困中挣扎；第二位石匠成了技艺精湛的工匠；第三位石匠成了一名成功的建筑师。

人对于外界的认知和反应，源自于内心的思想和精神状态。一个人如果仅满足于眼前的生计，便难以突破现有的生活；一个人有远大志向和积极心态，就会努力打破现状，不断地超越自己。

举个最简单的例子：一个人从事销售工作，如果他只是"为了完成任务"，可能就会只满足于达到最低的业绩要求；如果他把销售工作当成实现职业目标的途径，并从中获得成长和满足感，就会主动寻找新的方法来提升业绩，努力争取晋升。

### ✎ 内在的财富，决定外在的财富

无论是财富的积累，还是生活质量的提高，内在的精神状态始终在起着主导作用。美裔英籍投资大师坦普顿爵士在《内在财富的法则》中指出："一个人靠投资取得的财富，是由这个人的内在财富决定的。如果一个人没有内在的财富，就算他靠运气获得意外之财，也是难以守住的。"

外在财富与个人的内在财富密切相关。一个人能否积累财富并保持财富的增长，最终取决于他内在的思想和心态。如果一个人内心贫瘠，缺乏正确的财富观与风险意识，那么即便他获得了意外之财，也很难守住这笔财富。相反，如果一个人具备健康的财富观，懂得如何理性投资和积累内在的"财商"，那么无论遇到什么样的困境，他都有能力把握机会，将外部资源转化为个人财富。

在现实生活中，很多企业家的成功并非偶然，他们在创业初期，可能并没有很好的物质基础，但他们有远见、智慧和坚定的信念。正是这些内在的精神财富，让他们在面对市场竞争和失败时依然能够保持信心、调整策略，最终实现了外部的财富积累。与之相反，也有一些外部条件很好的人，可能因为缺乏足够的内在准备和精神力量，最终未能抓住机会，实现自我价值。这些事实都印证了"内因决定外因"的规律：一个人内心的思想和信念，直接决定了他在外界环境中的反应与成果。

### ◢ 内在的信念，决定外在的选择

"相由心生，境随心转"，这句古老的智慧之言深刻表达了精神状态与外在命运的关系。一个人内心的情感、思想和信念，影响着他如何看待世界，如何做出选择。人生中的所有选择，无论是事业、婚姻、关系还是健康，最终都是内心信念的外在体现。

莎士比亚在《哈姆雷特》中说道："事情无所谓好坏，是思考赋予它好或坏的含义。"这句话恰恰反映了精神力量的决定性作用——同样的外部事件，不同的人因为内在思想的不同，可能会产生截然不同的反应和后果。

内在精神积极的人，无论处于何种境遇都能保持斗志，勇敢面对挑战；内在精神消极的人，在生活中动不动就会郁闷沮丧，认为自己无路可走。事实证明，并不是世界过于狭小或你的选择有限，而是精神消极者的内在信念为自己设置了重重障碍。

对于每个人而言，无论外部环境多么严酷，遇到的困难有多大，都不足为惧。真正可怕的是从精神上垮掉，正所谓"哀莫大于心死"。一个人的内在会严重干扰外在的行为，限制他改善外在的能力。人一旦被消极的思想俘虏，就会像计算机感染病毒一样，导致系统混乱和功能失调，从而造成人在健康、事业、生活等方方面面的失意。

真正击垮一个人的并不是外在的力量，而是自己的内心。要想改变自己的生活与命运，先得改变自己的内在思想。当我们努力不断地深化和丰富我们内在的精神时，我们在现实中也将会拥有更多的选择和更广阔的空间。

## 02.
### 父母的心智高度，决定养育的温度

在每个孩子的成长过程中，父母的角色无可替代。作为孩子最初的老师、最亲密的陪伴者，父母不仅仅是孩子成长的引路人，更是塑造孩子心灵的温暖源泉。遗憾的是，并不是每一个父母都意识到了这一点，都能够很好地肩负起这份责任。很多父母因为自身成长经历的局限，或是缺乏正确的育儿知识，未能给孩子树立积极的榜样，没有给孩子提供一个充满爱与支持的成长环境。

有些父母在和孩子相处时，说话的语气很生硬，一旦孩子犯了错就会大发雷霆，对其进行打骂教育，情绪非常不稳定。他们对待孩子没有耐心，对待生活和工作的压力挑战也表现得很消极，或是焦虑愤怒，或是厌恶退缩。这种现象不禁引人深思：为什么这些父母会有如此强烈的情绪波动？究竟是社会环境所致，还是个人性格使然？

从更深层次的视角分析，人的情绪波动、行为反应与内心世界息息相关，父母的心智状态直接影响着他们与孩子、伴侣以及周围人的互动。

#### ▸ 亲子的互动模式，映射出父母的心智

当父母内心缺乏安全感，或者对自我价值的认同感不足，就可能在面对孩子的错误时表现出过度的焦虑和愤怒。当父母内心充满焦虑和压力，或有未处理好的情绪和创伤，就可能会把这些负面情绪投射到孩子身上，让孩子承受不必要的痛苦和压力。

辑五 父母的心智状态，决定孩子的模样

　　李女士是一位单亲妈妈，为了给孩子提供稳定的生活环境，她在完成本职工作之余，还做兼职。这位要强的妈妈，在面对孩子的学业问题时，常常会表现出焦虑和急躁，总是迫不及待地追问儿子的考试分数。一旦儿子成绩不如预期，她便无法控制自己的情绪，斥责孩子。孩子并不理解妈妈的焦虑，反而感到备受压迫，致使他对学习越来越抵触，亲子关系也变得越来越紧张。

　　李女士的焦虑情绪是源自孩子的学习成绩吗？孩子的问题只是表象，真正的根源在她心里，是她对孩子未来的担忧以及对自我的严苛要求引发的焦虑，而这种焦虑又通过她的言语、肢体语言和态度传递给了孩子。在学业上遇到困难的孩子，没有从妈妈那里获得支持和鼓励，还被她的焦虑情绪裹挟，这又进一步影响了他在学习上的表现。

　　张先生是个心态平和的父亲，虽然平日里的工作也充满了压力，但他一直努力调整，力求不把工作中的情绪带回家。在和孩子沟通时，他总是保持耐心且温和的姿态。进入小学高年级之后，孩子的学习成绩有点下滑，但他从未责备或贬低孩子，而是通过悉心讲解，帮孩子理解问题和难点。孩子感受到父亲的支持和温暖，虽然学习成绩暂不理想，但没有为此背负沉重的思想包袱，反而可以把更多的精力集中在掌握知识、提高成绩上。经过半年多的努力，孩子的学习成绩又恢复到了优秀的水平。

　　张先生的冷静和理智并不是天生的，而是他多年来通过自我修炼和情绪管理所培养出来的心智状态。这种心态的平和，使得他在面对家庭中的压力和挑战时，依然能够给予孩子宽容、理解与支持。这样的做法不仅维系了良好的亲子关系，也教会了孩子如何控制情绪、如何应对挫折。

**父母的情绪管理能力，特别是在压力和焦虑面前的表现，决定了家庭氛围和亲子关系的好坏。**如果父母情绪不稳定，动不动就发脾气，遇到一点风吹草动就焦虑，家庭氛围就会变得压抑和紧张，孩子也很容易受到这些情绪的影响。如果父母能够保持平稳的情绪状态，家庭气氛是温馨、和谐的，孩子在这种环境中感受到的就是安全和支持。

## 提升心智是养育孩子的必修课

父母的心智高度决定了养育的温度，这种温度不仅是父母对孩子的爱与关怀的体现，更是教育过程中理性与情感的平衡。心智成熟的父母，能够在教育孩子时不失温暖，既严格要求又不失理解包容，既理性又富有同理心。这种教育方式，不仅为孩子的成长提供了健康的土壤，也为他们未来面对生活中的挑战和困难，奠定了坚实的基础。

如果父母仅仅满足于眼前的生活，就很难引导孩子给生活和学习制定长远的目标和计划，不断地突破自己；如果父母拥有积极心态、不断进取，往往能够激发孩子的潜能，助力他们创造出更为美好的未来。

如果父母认为孩子的学习仅仅是为了应付考试，就会采取严格的监督和高压的教育方式。孩子在这种环境下成长，可能会缺乏自主思考和独立性。如果父母认为教育是为了培养孩子健全的人格，就不会用分数去定义孩子，而是尊重孩子的个性，创造更为宽松和支持性的成长环境，帮助孩子发现自己的优势，培养其独立思考的能力。

家庭是孩子成长的第一课堂，**父母的内心世界决定了家庭教育的质量和孩子成长的氛围。**当你的内心充满积极的能量时，你会更容易理解孩子的情感需求，能够用鼓励和支持的方式帮助孩子成长；当你的内心被负面情绪填满时，你没有多余的能量给予孩子加持，留给孩子的只有批评、责备和惩罚。

辑五　父母的心智状态，
　　　决定孩子的模样

在养育孩子的过程中，父母应该时刻反思自己的内心状态，通过学习和成长来提升自己的情绪管理能力和心智水平。当你正视了自己的情绪问题，修正了内在的生命程序，外在的表现也会发生改变，你会更加理智、温和且充满力量。这不仅能够提升家庭的和谐氛围，也能帮助孩子在这种良好的环境中成长为更有自信、更具应变能力的个体。

# 03.

## 爱是给孩子赋能，不是给孩子设障

爱，作为人类永恒的主题，自古以来便不断被人们演绎和颂扬。爱不仅激发了人们积极向上的精神，也赋予了人们良知与同情心。在人生的旅途中，无数人为了爱勇敢面对困难，甘愿承受痛苦，甚至不惜牺牲宝贵的生命。

在日常生活中，我们常常会探讨爱的形式：对国家的忠诚，对父母的孝顺，对亲朋好友的深情，对伴侣的爱慕，对孩子的关怀……然而，爱的本质远不止于此。

### ▍父母的爱是孩子的能量场

爱是一种力量，它能够穿透心灵的壁垒，触及灵魂的深处；爱是一种无形的纽带，连接着人与人之间的关系，让彼此之间产生共鸣和理解。在养育孩子的过程中，父母的爱是一种源源不断的能量，它不仅通过言语和行为传递，更体现为深沉、无条件的情感投入。

这种爱是孩子成长过程中最宝贵的财富，它为孩子营造了一个充满安全感和归属感的环境，让孩子能够在支持和鼓励中茁壮成长。通过这种爱，父母能够传递健康、积极、向上的能量，帮助孩子培养健全的人格和积极的人生观。这种爱的能量，会深深影响孩子的思想、行为和价值观，成为孩子内心世界的重要组成部分。

《三字经》有云："人之初，性本善。性相近，习相远。苟不教，性乃迁。"意思是每个孩子在出生时，本性都是善良的，后天的教育和环境才决定了他们的成长轨迹。如果父母未能为孩子提供正向的教育和榜样，孩子的性格可能会受到不良影响。

父母的关心与爱护，不仅带给孩子喜悦与幸福，还在不断地为孩子积累正能量。物质的提供、关怀的表达、鼓励的言语，都是孩子获得正能量的途径。相反，父母的责骂、批评和冷漠，则会让孩子感受到压抑和痛苦，增加负能量。

### ✎ 爱是保有并提升孩子的能量

人的健康成长离不开正能量的保持和提升。人的内心深处对能够激发能量的人、事、物怀有强烈的向往，本性中蕴含着向善的渴望以及对是非善恶的判断标准。爱常常以支持、理解、帮助和包容的方式呈现，这些行为会让被爱者感受到幸福，并激励他们以同样的方式回馈社会和周围的人。在被爱的过程中，他们不仅获得了更多的鼓励和认可，还积蓄了更多的正能量。**积极正面的能量在传递中不会消减，反而会因分享而变得强大。**

人的成长与能量的保持和提升密不可分。人的生命系统中天生具备趋利避害的功能，会本能地寻求能量的增加。我们常将爱表示为支持、理解、帮助、尊重等，这其实都是增加对方的能量，通过自己的付出给对方赋能。当你能帮助到一个人的时候，就可以使对方节省能量消耗；你的理解在让对方感到释怀和平静的同时，也在使对方保有和提升能量。

人一生中最大的需求就是提升能量，所以爱一个人就是愿意为他付出而不是索取，爱一个人就是用行动支持对方。当我们懂得了这个道理时就会知道：爱孩子就是保有并提升孩子的能量。

我们司空见惯的一些对待孩子的方式，很多是打着爱孩子的旗号，但不一定是真正的爱。比如，打孩子会给孩子带来身体和心灵的痛苦，这就是在消耗孩子的能量，对孩子的成长很不利。当然，作为家长，面对孩子的错误我们必须指出来，但绝不是用打骂的方式来解决。

我们可以和孩子做个约定：在规定的时间内改正错误，就可以得到奖励，反之，就要受到惩罚。当孩子没有做到时就要按照当初的约定来对待他，在给予孩子批评或适当惩罚的同时，也要让孩子在这次经历中有所收获，这样才能够真正提升孩子的能量。

在处理个案时，我经常向家长提出一个问题："在这个过程中，您学到了什么？"当一个人从经历中获得知识，这就是成长，是正能量的积累。人的成长不仅源自课堂教育，更源自生活中的经历与反思。面对相同的经历，有人选择愤世嫉俗，而有人则选择心怀感恩。经历相同而觉悟不同，结果也会不同。

每一个父母都希望孩子变得更好，愿意为此给予孩子更多的爱。但我们必须明白，真正对孩子有益处的爱要以提升孩子的能量为前提，而不是仅仅让孩子明白好坏善恶；孩子的成长不是我们把意见和意愿强加给他们，而是帮助他们认识自我，积累属于自己的经验。

曾经，我去朋友家做客，听到孩子的奶奶和妈妈讨论要为孩子做班级海报的事。孩子是小组长，需要负责这项任务。我问朋友："大人帮助孩子做海报，能带给孩子什么好处？"朋友回答："孩子学习已经很累了，帮他做这些事可以让他得到更好的休息。"我接着问："那么，获得知识和技能是提升孩子能量的方式，还是消耗孩子能量的方式？"朋友豁然开朗，决定让孩子自己去做这件事，因为这是他的责任，也是他成长的一部分。

父母教育孩子的方式，对孩子是好是坏，是积极还是消极，只有一

辑五　父母的心智状态，决定孩子的模样

个标准——能够提升孩子能量、有利于孩子生命成长的方式就是好的，就是在爱孩子，否则就是在害孩子，就是在限制孩子的成长与发展。愿每一个父母都能真正理解爱的深刻内涵，提升孩子的能量，使我们与孩子的生活也变得简洁充实、充满活力。

## 04.
## 负面情绪是对心智能量的最大消耗

情绪是一种无形的力量，时而为我们注入动力，时而透支我们的精力。当我们长时间背负精神压力、被负面情绪缠绕，就难以专注于其他重要的事情，无法有效应对生活中的压力。情绪的过度消耗，会把我们推向疲惫和崩溃，让我们没有心力去好好地陪伴孩子。

### ✎ 情绪反应是心智能量的输出

每个人在生长历程中，难免会遭遇各种突发事件，这些事件无论大小，都可能对我们造成意外的伤害。从自然灾害如地震、海啸，到人为灾难，如火灾、车祸，甚至被绑架劫持，再到个人层面的亲人离世、朋友背叛，以及日常的生气、吵架等，这些意外伤害都可能给我们的心理带来强烈的情绪冲击。如果这些情绪冲击未能得到及时的处理和化解，它们就会在我们心灵深处留下难以磨灭的印记，成为情绪的"种子"，长期影响我们的生活，最终可能导致思维混乱和身体健康问题。

存储于人细胞记忆中的这些情绪"种子"是对心智能量的最大消耗，每一次情绪反应都是一场精神能量的输出。**当我们耗费生命中的精神能量去压抑和控制这些情绪时，那些用于实现目标的力量就会被严重削弱。**如果我们不能及时有效地清除这些情绪"种子"，它们就会在心智中形成负面的行为动机和生活模式，对社会及他人造成伤害，甚至可能将这种思维模式传递给下一代，导致他们的人生和命运充满波折。

更为重要的是，当我们接受并认同这些情绪所创化的自我意识、自我角色、自我人格和自我价值时，就会形成一种自我认同的思想观念。我们面对生活的态度和一切行为都将以这种思想为主导，我们的生活与命运就会被限制在最初产生负面情绪的思想困境中，执着于自我意识所体验到的片面结果和现象，又以此攀附外在的条件和机缘，最终就会无法了解和面对生命经历中产生情绪的根源，也无法掌握事物存在的实相，更无法通过对内在世界的改变达到外在境遇的转变。

长时间沉溺于负面情绪的漩涡中，会持续消耗我们的精神能量，导致我们难以集中精力于日常生活、工作。这种能量的流失不仅影响个人福祉，还可能对家庭氛围和孩子的成长造成不利影响。

## 孩子是吸收父母的情绪长大的

父母的情绪状态通常决定了家庭的情感氛围，对孩子的情感发展和价值观的形成起着至关重要的作用。父母表达情绪和管理情绪的方式，也会直接影响孩子在情绪调节、社交技能和自我认知方面的能力。

当父母长时间沉浸在愤怒、焦虑、抑郁等情绪之中，孩子往往会内化这些情绪状态，并模仿父母的行为，逐渐形成自己的应对策略。这些负面情绪宛如"种子"，在孩子内心深处扎根并成长。即使孩子表面上显得顺从，他们的心灵可能已被这些耗费精神力量的情绪所侵蚀，形成错误的自我认知、情感调节和行为模式。

当父母无法妥善管理自己的情绪时，也很难有效地引导孩子。情绪的剧烈波动和反复无常会让孩子感到不安和恐惧，无法建立对父母的信任与依赖。同时，孩子也会产生深刻的无力感，认为自己不够优秀、无法取悦父母，进而导致低自尊、焦虑或孤独感，形成情绪表达不当、压抑内心感受等问题，影响他们未来的社会适应能力和生活幸福感。

在养育孩子的道路上，父母不仅是知识的传授者，更是情绪管理的示范者。妥善管理自己的情绪，学会在压力之下保持镇定和理性，并不是一件容易的事，也不是仅仅依靠意志力就能实现的。真正有效的做法是关注自己的内心世界，修正自己的情绪"文件包"，通过自我觉察、情绪释放和心理疏导，修复那些未愈的情感创伤。如此，不仅能够减轻自己身心的负担，也能为孩子提供一个更为稳定、健康的成长环境，帮助他们培养出健康的情绪调节机制。

# 05.

## 疾病是心灵的隐性表达

随着社会的进步和人类生活水平的提高，人们对健康的认识已不再局限于身体的健康，同时还包括心理的健康。也就是说，健康已不再只是一种身体的状态，更是一种生命的境界。1989 年，联合国世界卫生组织（WHO）对健康作了新的定义，即"健康不仅是没有疾病，还包括躯体健康、心理健康、适应社会发展和道德健康"。当人们在这几个方面同时拥有良好的状态时，才能算得上是真正的健康。

人们一向重视身体层面的问题，生病了会看医生寻求治疗。传统医学在面对人的身体疾病时，通常是从肉体的角度进行解读和处理——人的肉体感染病菌到一定程度就会生病；身体长了肿瘤，我们就把肿瘤切除；某一器官出现问题，就从这个器官着手去处理。那么，杀死病菌、切除肿瘤、治愈患病器官之后，问题是不是就彻底解决了呢？

从表面上看似乎是这样，实则不然。

### 精神因素是疾病的"催化剂"

身体的疾病，不仅仅是生理层面问题的反映，精神层面问题同样对身体疾病有着至关重要的影响。心理状态与身体健康是密切相关的，情绪的失衡往往成为疾病的催化剂。长期的压力、焦虑、抑郁以及未被释放的情绪，都会在身体中留下深刻的烙印。只不过，**很少有人会思考：患者在得病以前经历过哪些不愉快的事情？有没有尚未解开的心结？**

从医学上讲，肌体细胞受到侵害，无法保持正常代谢，就会影响身体的平衡。中医里有"通则不痛，痛则不通"的精辟理论，当人的经络遇阻，气血无法正常流通时，身体就会呈现出气血的衰弱变化，气血不通时人就会生病。

早在古人对疾病的研究与治疗中，就提到了精神因素的重要影响。当一个人总是忧思郁怒、情感内蕴且哀怨不溢于言表时，总是在为取悦他人而舍己所好、常委曲求全地顺应他人或现实时，就容易引起肿瘤的发病。发病之后，如果精神面貌还不能够改观，久而久之就会引起恶化，使病情加重。《黄帝内经》中也提到，喜伤心，怒伤肝，思伤脾，忧伤肺，恐伤肾，认为不同的情绪会对不同的脏腑产生伤害。

有一位从海南过来学习的妈妈，她的事业做得很成功，家里有两个小孩，整个家庭看起来很美满。然而，她的小儿子在13岁那年被诊断出鼻部肿瘤四级，病情比较严重。为了陪伴小儿子治疗，她决定放下事业，全家搬到广州。她希望通过给小儿子一个积极的环境，帮助他渡过难关，尽量让孩子感到家庭的温暖，不被病魔压垮。

在她的眼中，小儿子是个非常懂事、乐观的孩子，虽然身体状况不佳，却总是微笑着面对每一天，不让家人看到他痛苦的一面。然而，听完她的叙述，我却意识到这个看似完美的表象下隐藏着深层的问题：孩子看起来很乐观，但这种"乐观"的背后是情绪的压抑。他没有直接表达出痛苦，而是无声地承受着情感的负担，试图通过压抑内心的痛苦来满足母亲对家庭和谐的期待。

我跟这位母亲解释道："孩子的身体问题不仅仅是生理上的病变，它还与情感的压抑和能量的缺失有关。孩子的鼻部肿瘤是长期未表达的负面情绪的外化。从表面上看，家庭充满活力与幸福，但家庭中的情感能量并不平衡。一直以来，你为了保持家里的和谐，把自己的困惑、焦虑与不安压抑在心底，这种模式无意间也传递给了孩子。乐观和积极的心态很好，但是它不能解决深层的情感困惑。"

我提醒这位妈妈，面对孩子的病情，最重要的不是维持表面的乐观，而是要深刻理解孩子内心的感受，并帮助孩子处理内心的困扰。只有这样，孩子才能真正从情感上得到疗愈。如果你真把孩子的健康和家庭的情感状态看得很重，就必须花时间去学习和理解情感背后的规律。只有这样，才能有效地调整家庭的情感氛围，并帮助孩子走出困境。这不仅有助于孩子的健康，也会恢复家庭的整体能量。

当我们的内心长期处于消极状态，或被某种强烈的负面体验包裹，身体的免疫系统和自愈能力便会受到压制。精神上的焦虑和紧张，会导致体内荷尔蒙失衡，进而影响内脏器官的正常功能。所以说，**身体上的疾病不都是生理问题引起的，它与内在的情绪密切相关，这是"心身合一"在生活中最真实的写照。**

### ▎孩子用身体呈现心灵的状态

孩子的情感世界通常比成人更加纯粹、直接，因为缺乏足够的语言表达能力，他们无法像成年人那样清晰地表达自己的心理状态和情绪困扰，因而，在遭遇压力、焦虑、恐惧或悲伤时，不能很好地用语言将这些复杂的情感与父母沟通。这些未被表达的情感就会通过身体表现出来，形成各种疾病的症状。

我在美国讲课期间，曾经遇到过一位老人，他多年来一直患有鼻炎，虽然在美国接受了很好的治疗，病情却始终没有得到缓解。他告诉我，自己从小生活条件优越，父母对他极为宠爱，几乎不给他任何压力，所有事情都为他安排得妥妥当当；他的妻子也表示，父母从不批评他，始终给予他温和的指导和支持。

听完他们的描述,我结合"心转病移"理论跟他解释:鼻炎的问题与他长期未能有效表达自己的情感和想法有着深刻的联系。虽然父母在表面上看似宠爱他,实际上,他们通过过度的控制和规划,将自己对未来的期待强加给了他。从小到大,他没有真正自由地表达过自己的内心想法和感受,每当他有不同的意见时,父母总是用温和的说教来引导他按照他们的想法去走。长期以来,他的情感被压抑,未能得到有效释放,最终转化为身体的疾病——鼻炎。

孩子往往会透过家里的氛围来觉察父母,并产生相应的情绪反应。他们在用自己的方式让父母看到需要提升和改变的地方。如果父母没能及时意识到问题的严重性,那么存储在孩子心里的压抑、焦虑、担忧、愤怒等情绪就会反映到身体上,产生不同的症状。

如果夫妻关系长期不和,孩子周围就会充斥太多的负面能量,身体可能就会不间断地出现问题。虽然夫妻和睦,可是对孩子的教养方式存在问题,就像上面的案例所示,这种"为孩子好"的方式,虽然不直接产生冲突,却让孩子缺乏了足够的沟通空间和表达机会。父母的"好意",有时也可能是孩子心理和身体问题的隐性根源。说到底,**孩子是在用生病的方式平衡父母思想与行为上的缺失。**

一位父亲曾急切地向我求助,他的孩子在短短半年内两次遭遇摔伤骨折。我问他:"孩子与你们关系亲密吗?"他回答:"是的,我们和孩子的关系非常好。"我又问:"过去一年里,你们是否面临过婚姻危机,或是一方离家?"他显得十分惊讶:"对,你是怎么知道的?"

我向他解释,孩子可能在用这种方式试图修复家庭关系。其实,道理很简单:如果父母关系出现问题,聚少离多,当孩子生病时,父母会因为关心孩子而聚在一起。在这个时候，父母双方会有共同的话题，有机会一起为孩子付出。孩子之所以两次摔伤骨折，是他在通过身体上的状况来挽回父母的关系、维系这个家庭。

很多父母常常忙于工作，忙着追求身外之物而无暇顾及孩子，总以为给孩子提供丰富的物质条件就是对孩子好，总以为让孩子生活在富足的物质条件中就是幸福，从未真正关注过孩子的内心感受，也从未意识到对孩子不闻不问、情感漠视会造成多大的伤害。

有一位学员求助，称自己的孩子6岁，最近总是干呕，什么都不想吃，甚至做作业时也会出现这种状况。进一步沟通后，我了解到一个情况：孩子刚刚过完生日，收到了许多礼物。其实，孩子的胃部出现不适，与情感上感受到过多的"负担"有关，他不愿接纳这些礼物。我建议学员，让孩子将多余的东西送给别人，以减轻孩子的内在压力。学员照做后，孩子的干呕现象逐渐消失。

**孩子的身体不适往往是情绪上的"不接纳"在作祟。** 家长往往强迫孩子接受过多的食物或任务，而忽略了孩子内心的感受。当孩子内在的需求和想法得不到满足或被忽视时，身体可能会以各种症状来发出信号，如：发烧、头痛、胃痛或其他身体不适。这是心灵发出的无声的呼救，我们一定要学会解读并重视这些信号。

### 父母的觉知是疗愈孩子的关键

这些年通过对个案的处理，我清楚地看到：家长对孩子的伤害多半是在不自觉甚至不自知的情况下造成的，这些伤害会在孩子的心灵中留下深刻的烙印。所以，父母要经常对自己的行为进行反思：是不是无意中说了伤害孩子的话？是不是因自己的情绪问题迁怒了孩子？是不是仅关注孩子的物质需求，忽视了孩子的情感需求？

　　父母一定要知道，缺乏家庭关注和爱护的孩子，往往会因情感上的孤独与缺乏安全感，产生身体不适，表现为体重减轻、免疫力下降等。比如，在有些家庭中，情感的表达往往被视为软弱或不合时宜，使得孩子学会了隐藏自己的感受，压抑内心的需求。这样的情感压抑最终会形成一种恶性循环：没有表达出来的情感转化成了身体上的疾病，而疾病又无法解决孩子的情感困境，反而加深了他们的焦虑和不安。

　　小凯是一名15岁的中学生，他从小就感受到了父母的高期望，父母和他的沟通交流大部分是关于学习的，情感交流极为匮乏。随着学业压力加大，小凯开始变得沉默寡言，情绪低落，逐渐失去了与父母沟通的意愿。

　　在父母的情感忽视下，小凯的身体开始出现问题，经常头痛、胃痛和失眠，尤其在考试前，症状更加严重。医生检查后发现，小凯并无明显的生理问题，但他的情绪状态却越来越糟糕。父母这才意识到，孩子的身体症状并非单纯的学业压力，而是长期的情感压抑所致。

　　小凯的父母重新审视了自己对孩子的教育方式，也意识到了过往对孩子的情感忽视。之后，他们不再一味地强调成绩和学业，开始尝试与小凯进行更深层次的交流，倾听小凯的想法和感受，给予他更多的鼓励和支持。家庭氛围逐渐变得温馨和开放，小凯也慢慢敞开了心扉，开始表达自己的情感和需求。随着时间的推移，小凯的情绪状态有了明显的改善，身体上的不适症状也逐渐减少。

　　要打破情感与身体症状之间的恶性循环，父母需要培养情感敏感度，学会理解孩子身体症状背后的情感信号，意识到孩子的疾病不仅仅是生理层面的表现，还可能是孩子情感困扰的外化。一定要及时地给予孩子情绪的疏导和宣泄，这不仅可以在疏通能量阻塞的同时让孩子的身体恢复健康，还可以有效地提升孩子的能量。

比如，当孩子出现反复的胃痛时，父母首先要排除生理问题，其次要思考影响孩子身体和心灵状态的因素：是家庭矛盾，还是学业压力，或是没有给孩子提供足够的情感支持和安全感？只有真正关注孩子的内心，让孩子的情绪得到理解和疏导，他们的身心才能得到真正的治愈，亲子关系才能变得更加温暖融洽。

要做到这一点并不容易，它需要父母有足够的觉知与智慧，敏锐地觉察到自己给孩子的心灵播下的种子，并用自己的关爱与支持及早纠正，最大程度地弥补自己过往的不当行为给孩子造成的伤害。这些并不是与生俱来的能力，而是要通过学习来获得的。这也再次印证了一个事实：**养育孩子是父母的一场自我修行。**

# 06.

## 释放情绪记忆，疏通阻塞的能量

雷久良博士是肿瘤方面的专家，有二十多年的临床研究经验。他认为，专注于从肉体方面来处理肿瘤，尤其是用化疗的方式，是无法真正治愈肿瘤的。要想真正治好肿瘤，必须采用身心整体治疗的观念才行，绝不能只医治肉体，心灵的问题也要解决才行。

我非常推崇他的这个观念。想要真正地根除疾病，一定不能忽视心灵的问题。当内心的挂碍和恐惧消除了，身体的状态自然也会变得更好。

### ✎ 根治疾病要清除心灵的隐患

前两年，我接待了一位来自大连的朋友。他患有心脏病，希望我陪他到以治疗心脏病闻名的中国医学科学院阜外医院治疗。当我在车站看到他时，真的吓了一大跳：原来热爱健身、性格爽朗刚刚步入中年的他，看上去就像一位垂暮老人，浑身无力，说话声音微弱，还时常哀叹。

安顿好住所之后，他的妻子跟我说："他的爷爷和父亲都是在四十多岁时，因心脏病离世。他今年42岁了，上周出差时，半夜里突然感到心脏很痛，救护车把他送到了医院。从那天开始，他就陷入了一种恐惧和焦虑之中，每天茶饭不思，总是说些与死有关的话。一家人也因为他的病忧心不已。"

第二天，我陪他去阜外医院做了全面检查。医生告知，他没有心脏病，只是胃有一些问题。他不相信这个结果。我又带他到人民医院做了同样的检查，结果是一样的，他得的是胃病而不是心脏病。

听到这个结果，他的精神状态一下子就好了起来，说话声音也大了，手也不再捂在心口，脸上的阴云也迅速消失。几天的奔波让他的妻子担惊受怕，听到这个结果时，他的妻子喜极而泣。

朋友的父亲和爷爷都在四十多岁因心脏病去世，他不免担心自己也会患上心脏病，并产生了死亡焦虑。当他被这一心结缠绕时，胃病发作加重了他的恐慌，这其实是他思想中的情绪创化了所谓的"心脏病"。

身体的病痛往往只是冰山一角，真正的问题藏在内心深处。无论是长期的情绪压力、未愈的创伤，还是未得到宣泄的负面情感，这些"心灵的隐患"往往悄然影响着我们的身体健康。当身体出现症状时，它不仅是在向我们发出警示，也在提醒我们，是时候关注内心的状态，清理那些积压已久的情感困扰。

### ✎ 治愈从释放情绪记忆开始

这些年来，我处理过很多个案。在帮助人们摆脱烦恼、提升能量的过程中，我发现多数人所受的心灵创伤发生在幼年时期，而伤害他们的人也往往都是离自己最近的、最疼爱自己的父母或其他亲人。

在成长的旅程中，尤其是在童年时期，我们尚未具备独立应对生活挑战的能力，往往会依赖身边最亲近的养育者（通常是父母），来获得所需的关怀与爱护。我们的个性形成在很大程度上也取决于养育者当时所提供的帮助与支持。这一时期遭遇的任何创伤都可能给稚嫩的心灵带来伤害，植入心智模式，不断影响我们日后的身心与行为。

如果早年受到创伤，被压抑的情绪没有及时得到有效释放，就会转化为恐惧、害怕、嫉妒、悲伤、愤怒等负面情绪，并形成情绪"种子"储存在我们的生命系统中，在消耗我们生命能量的同时，使我们的身体出现阻塞，诱使各种病症的发生。

**身体与心灵是密不可分的整体，治愈疾病不仅仅是消除身体表现出来的症状，更是与自己的内心和解。治愈之路从自我觉察、情感释放和内心修复开始。**只有当我们正视自己的情感世界，化解内心的痛苦和焦虑，身体的痛楚才会得到真正的缓解。

张先生平日里给人的感觉是情感淡漠，遇到再痛苦的事情也不会落泪，很少为人悲伤难过。然而，张先生并非无情之人，长时间的压抑让他逐渐感到不堪重负。后来，他走进了"生命智慧"的课堂，希望找到问题的根源，更渴望得到帮助。

第一次给他做情志疗法时，我发现他很不容易进入状态。他几十年没有哭过，心中积压的情感很难释放出来，感到胸口很闷。经过我耐心引导，他慢慢进入了情志疗法的状态，并回忆起和一位学员做情志疗法演练时，那个学员曾告诉他："你的心死了，连哭都不会。"这句话让他非常不悦，甚至彻夜未眠。

经过进一步的引导，张先生回忆起小时候一件自己受到伤害却强忍住泪水不敢哭的事情，找出了他内心深处那颗真正不哭的"种子"。

7岁那年，父亲因生意失败欠债，家里遭到债主威胁。一天清晨，有很多人跑到他家，手里拿着木棍、铁锹等东西，大喊大叫，要他父亲还钱，不然就要拆掉他们的房子。他们抓住父亲往屋外拖，母亲抱着父亲的腿向来者求饶。

当时还是孩子的张先生，看到这种情景吓坏了，他哭喊着："不要打我爸爸！"那些人不由分说就狠狠抽了张先生一个耳光，被打得头晕脑胀的张先生听到来人大声对他喊道："你再哭就打死你！"同时，他感到自己的脖子被一只手死死地掐住了，使他几乎窒息。张先生吓得再也不敢哭喊。当时的害怕、恐惧、愤怒和悲伤，让小小年纪的他无力承受，继而生了一场大病。

回忆到这里，我引导张先生喊出当时压在心里的话："不要打我！"伴随着这句话的不断重复，他的泪水涌了出来。紧接着，我让他再次面对那个时间点，重复那段经历，直面当时的家庭情况，他像孩子一样嚎啕大哭。一段时间后，他感到全身从未有过的轻松，原来灰黄的脸色也变得红润起来。

情感有障碍好似水流被堵，如不及时疏导就会越积越多，直至最后冲毁人的身体。人的生命能量就像水流一般，一旦被堵就需要及时有效地疏导，及时清除和化解存储在心灵里影响现实生活的"种子"，才能真正改善我们的身体健康和生活。

# 07.

## 父母的心智提升，改变孩子的人生

"父母是孩子的起跑线"，这句话说的不仅是父母给孩子在物质上的准备，更在于父母的心智能量和心智水平。**心智成熟、情绪稳定的父母，会为孩子的生命赋予积极的能量；心智不全、情绪混乱的父母，会给孩子的成长造成种种障碍。**

孩子的问题，其实是父母心智能量状态的投影。父母就像一棵树，孩子是树上的果实。如果树根深深埋藏着不良情绪和未解创伤，这些"能量阻滞"就会影响果实的品质。父母修正内在的情绪创伤，提升心智能量，是帮助孩子改变人生的根本之道。

### ✎ 父母修正"文件包"，打断创伤的传递链条

一位母亲发现孩子在学校里总是胆小退缩、不敢表达自己的意见。通过深入探讨，这位母亲回忆起自己小时候也有类似的经历。

她的父母对她要求严苛，总是以责备和打击为主，让她从小害怕犯错，形成了"讨好型人格"。这种情绪模式无形中被存储在她的"文件包"里，经过岁月的积累，在她自己的育儿过程中被激活，并传递给了孩子。

这位母亲意识到，自己在教育孩子时，不经意间把童年时的压力和恐惧投射到孩子身上。当孩子表现出怯懦时，她的焦虑会激增，并试图用高压的方式纠正孩子。这反而让孩子更加胆怯，形成了恶性循环。

后来，这位母亲走进"为人父母""生命智慧"的课堂，开始修正自

己的"文件包",重新审视自己的情绪反应模式,清除了过往那些负面情绪。当她自己的情绪越来越稳定,能够以更加包容和支持的方式对待孩子时,孩子也逐渐变得自信和主动起来。这种改变正是父母修正心智能量带来的积极成果。

### ✎ 提升心智能量,为孩子更好地赋能

父母的心智能量,决定了他们面对生活挑战时的态度和方式,也塑造了孩子感知世界的视角。当父母心智能量低时,往往会情绪化、焦虑化,他们会将这些负面能量传递给孩子,让孩子生活在不安和恐惧中。当父母能够用高水平的心智能量面对世界——充满爱、包容与希望——时,他们的能量场会赋予孩子强大的安全感和成长动力。

生活中,有些父母会在孩子失败时大声责备,说:"你怎么总是做不好?"这句话背后隐藏着父母自身对失败的恐惧和自卑感,是低心智能量的体现。

当父母的心智能量水平得到提升后,他们就能以更积极的姿态面对失败,并告诉孩子:"失败没关系,我们一起想办法解决,下次会更好。"这种充满支持和鼓励的话语,可以让孩子感受到爱与力量。

修正"文件包",提升心智能量,是为人父母必须要修行的人生课题。这不仅仅是对自己的疗愈,也是对孩子的爱。当父母修正了自己内心的创伤,就能够接纳孩子的不完美,尊重孩子的独特性,用自己的成长激励孩子前行。当父母有足够的力量给孩子赋能时,孩子自然会呈现出最美好的样子。

## 【个案解读】

### 你没有走出的情绪，正在偷偷复制给孩子

一位从加拿大回来的女企业家，从小生长在一个大家庭中，上面有六七个兄弟姐妹。不过，母亲并没有因为她是家里最小的孩子就格外宠爱她，反而对她非常严厉，什么好的东西都不给她，总是让她自己去争取，总是强调必须依靠自己的努力才能得到想要的东西。这种教育方式在她的成长过程中给她带来了很大的痛苦，她内心认为母亲并不爱自己，常常抱怨母亲对自己的冷漠与严格。

然而，经过多年的成长与反思，尤其是通过对"文件包"理论的学习，她终于意识到，母亲的严厉不是冷漠，而是一种为她未来着想的深厚爱意。母亲通过这种方式培养了她独立自主的能力，也正是这种独立的能力帮她最终创立了自己的事业，成为一位成功的企业家。如果没有母亲当年的严格教导，她可能不会在事业上取得如此大的成就。我们说过，"文件包"的作用有正反两个层面。母亲给她的"文件包"，虽然曾经让她感到受伤，但也正是这个"文件包"塑造了她坚韧不拔的性格。

尽管意识到了这一点，可她心中仍然有一个隐痛，这个隐痛和孩子有关。她的儿子继承了她的事业，也过上了物质富足的生活，可她心中却充满了忧虑：儿子从小生活在富足的环境中，缺少了应对困境和挑战的能力，在精神层面遭遇了巨大的困扰，甚至在婚姻中也频频遭遇困境。儿子总是被别人欺负，甚至屡次被妻子赶出家门。她想不明白：为什么一个如此优秀的孩子会陷入这样的处境？她担心这种情况会持续恶化。

我引导她对自己的"文件包"进行反思。之后，她领悟到，自己

曾经的"文件包"里包含了"被欺负、被压迫也要忍受"的信念,而这种信念被她传递给了儿子:每当儿子遇到问题时,她总是劝解他要忍耐、不要争斗,可是儿子却始终无法从这种"忍耐"中找到力量,只能在压力面前选择逃避,不知道如何反击,久而久之就变得越来越退缩。

她终于明白,是自己对孩子的养育方式导致了孩子今日的处境,她只传递给了孩子"忍耐"的信念,却没有传递给他应有的抗压能力和解决问题的信念,这也让她感到深深的遗憾和内疚。最终,她决定让儿子也来学习"生命智慧"课程,希望他能通过这种方式改变自己内心的"文件包",用积极的姿态去面对生活中的挑战和变故,而不是一味地逃避或者忍受。

这位女企业家的成长经历与对孩子的教育,清晰地告诉我们"文件包"理论如何在不同代际之间传递,影响个人的心态、行为与亲子关系。

早年生活中父母的"严厉"教育方式,在女企业家的情感世界里留下了无法完全愈合的创伤。这种未处理的情绪负担不仅没有随着她的成长和成功而消失,反而成了一种无形的"程序",在生命系统中影响着她对孩子的教育方式。

这位母亲看着儿子被欺负却无能为力,是因为在她的"文件包"中忍受、压抑、逆来顺受是一种根深蒂固的情感反应。她未曾意识到,这种"忍耐"并不是健康的情感模式,而是一种无法处理的创伤带来的负面影响。她的儿子也复制了这种情感模式,不知道如何去争取自己的权益,甚至在婚姻中也无法主动表达自己的需求和情感。

这一个案充分印证了一个事实:父母不仅是孩子的教育者,更是孩子情感世界的塑造者。孩子继承的不仅仅是父母的优点、智慧和物质财富,更重要的是他们的情感反应模式、处理冲突的方式,以及如何面对人生中的不顺和挑战。父母心智中未解的情感问题会像病毒一样在家庭中潜伏，并在无形中影响着孩子的情感世界，导致孩子在人生的某些阶段遇到无法克服的情感困境，甚至影响到他们的亲密关系、事业发展和生活选择。

为了避免孩子复制自己的困境，能够迈向更加积极和幸福的人生，父母一定要做好自我提升和情感处理。只有处理好了内心的创伤、清理了情感负担，才能以更健康的心态去教育孩子，帮助孩子建立积极的人生观和情感观。

# CHILDREN
### Parent's Greatest Journey

> 辑六

重建生命
链接，提升
家族能量

父母常常聚焦于孩子的情绪困扰和行为偏差，却没有意识到孩子的问题不是孤立存在的，它深深根植于家庭系统之中，背后隐藏着父母的内在世界、家庭序位关系、亲子间的情感连接以及家族的能量场等问题。仅仅关注孩子的个别问题，无法从根本上解决困境。父母需要提升觉悟，从更高的维度审视家庭动态，带着爱与智慧重建家庭系统，才能让孩子在家族能量的滋养下健康成长，在更深层次的情感交流中增强家庭凝聚力。

# 01.
## 今生相遇都是过往的重逢

人类的智慧不仅仅来源于对自身的认识，还来源于对整个宇宙规律的理解与感知，通过理解自然法则，感悟天地的智慧，在生活中找到清晰的方向。

每一个生命都不是孤立存在的，不仅每个人的内在与外在是一个系统，每个人与宇宙万物也在同一个大系统里。我们的思想、情感、行为会影响到周围的环境，也会受到外部世界的影响，这就是道家所说的"与天地同根，与万物为一体"。

### 一生所遇皆为疗愈过往的经历

生活是一场自我修行。在这个庞大的道场中，我们不仅与外界发生着无数的互动，也与自己的内心进行深刻的对话。生活的本质不仅仅是外在事物的变动，更是一种内心状态的映射。人类与自然、与宇宙之间，始终存在着深刻的联系。生活本身就是通过不断内外互动和自我觉醒，达到与自然和宇宙的和谐共振。

我们一生中所遇到的人、事、物，无论让你感到幸福，还是挑战与痛苦，都是和自己过去的经历、情感、思想深度关联的。它们可能是你未曾完全面对和解决的内心问题的再现，可能是过去的情感遗留，也可能是自己未曾意识到的内在需求。

这些过往的情感或经验的重现，促使我们重新审视自己的生活，反思自己的行为模式和思维习惯，看见内心深处的渴望与恐惧，清晰地认识自己。这是我们成长和转变的机会，让我们疗愈过去的创伤，释放被束缚的能量，实现内在的圆满。

家庭不仅是我们生活的基础，也是我们理解自己、看清内心的起点。家族中的每一段关系，无论是与父母、孩子，还是与祖先的精神联系，都是一种能量的流动，反映着我们内心的状态，深刻地影响着我们的生活方式和生命质量。

我们通过与家族系统的互动与自己的内在世界建立链接，**每一次和家族中的某个人、某个情感场景相遇，实际上都是与过去未解的经历或情感的重逢**。这些重逢不仅是外部世界的显现，更是内心深处潜藏情感和观念的复现。通过这些相遇，我们可以更加清晰地看见自己，发现那些长期未被察觉的内心冲突和未解的情感包袱。它们带来的是一次次深刻的自我觉察机会，让我们在修行的过程中不断超越自我，内心世界走向更成熟。

## 当下的遭遇是曾经选择的结果

在生活中，任何行为和选择都遵循反作用力的原理，这既是物理学的原理，也是人生的规律。《道德经》中所述的"无为而治"，就是在提醒世人，通过最自然的方式去应对世界的变化，不要有过多的强求，因为宇宙中的每一股力量都会产生相应的反作用力。在现实生活中，这种规律常常表现为我们付出的行动与收获的结果。

古人常说："积善之家必有余庆，积恶之家必有余殃。"这并非一种迷信的说法，而是对自然法则的深刻理解。我们的每一次选择都会在生活中产生相应的回响，即使是微小的善意，也会积累成未来的祝福；即使是微不足道的恶行，也会在不经意间招致不利的后果。人生中所有的遭遇都是我们曾经选择的结果，都是生活在给我们反馈。

## 辑六　重建生命链接，提升家族能量

**生活是思想的实验场，每个人的思想都在塑造着自己的生命状态，思想的力量决定着我们生活的质量。**我们对生活的态度、面对挑战的方式以及与他人相处的方法，都深受我们思想的影响。当我们引导思想朝向积极的一面，生活就会洋溢着光明；反之，如果我们的思想处于消极状态，生活则会笼罩在阴霾之下。

生活的修行不仅仅是自我反思，更是在外部遭遇中锤炼内心。当我们在家族系统中与某个人、某段历史情结发生联系时，实际上是与自己的过往创伤、未解冲突再次相遇。每一次的"重逢"都是我们过去心态的延续，也是我们内心深处未曾完成的修行。我们无法预见外部世界的每一个变化，但可以通过修行清除内心的恐惧和伤痛，掌控自己的反应，在这场人生的修行中不断进步。这种自我觉醒的力量，不仅影响我们的生活质量，也影响着孩子和整个家族的能量流动。

# 02.

## 看不见的能量场，摆脱不了的羁绊

一本有较高影响力的科学杂志上，发布过一个许多传统物理学家都认为不可能发生的实验结果：

在实验过程中，科学家们将一个光子分裂成两个具有相同属性的"双胞胎"粒子。这两个孪生粒子被分别安置在相隔22.5千米的特制装置内，每个装置都配备了两条光缆通道，它们在各自的通道中必须要做出决策——选择一条路径前进。

匪夷所思的是，这两个孪生粒子总是不可思议地做出相同的选择，并且沿着同一条路径穿越。在每次实验中，孪生粒子的选择都惊人地一致，从未出现过偏差。

在传统观念里，分离的孪生粒子似乎无法相互"交流"。然而，实验结果揭示了一个奇妙的现象：它们似乎始终保持着某种联系。即便在空间上将孪生光子强行分开，一旦其中一个光子的状态发生变化，另一个光子也会立即展现出相同的变化。这种不可思议的相互关联被称为"量子纠缠"。

实际上，在进行这项实验之前，爱因斯坦就已经对这类现象提出了自己独特的看法，他将之称为"鬼魅般的远距作用"。现今的科学家则认为，这种非同寻常的实验结果仅限于量子领域，他们称之为"量子怪异性"。

　　科学家发现,光子之间的联结异常紧密,仿佛它们的行为是同步进行的。当我们在"光子"的尺度上发现这类现象之后,类似的现象也在自然界其他领域被发现,甚至在相隔数光年的星系中也观察到了这种现象。那么,是什么神秘的力量连接了两个光子或两个星系,以至于当其中一个发生变化时,另一个也能遥相呼应?在过去的种种实验中,我们究竟遗漏了世界运作方式中的哪些关键因素呢?

### 看不见的情绪能量场

　　某杂志曾经发表了一项研究报告,详细地描述了人体细胞在离开人体后与身体保持联系的实验过程。

　　研究团队首先从参与者的口腔中采集了细胞样本。随后,他们将样本转移到距离参与者几十米远的另一个地点,并置于特制设备中进行检测,以观察样本是否会对参与者的情绪变化产生反应。在现代科学理论中,这种现象本应是不存在的。

　　实验启动后,研究人员连续播放了多种类型的影片给参与者观看,包括战争、恐怖和喜剧等,目的是在短时间内引发参与者产生不同类型的真实情绪波动和体验。在参与者观看影片的同时,研究人员在另一个地点同步监测细胞样本的反应。

　　实验结果显示,当参与者的情绪达到"高潮"或"低谷"时,细胞样本几乎同步产生了显著的电流反应。尽管测试样本与参与者之间相隔了数十米的距离,样本的反应却仿佛它仍旧同参与者身体相连。

　　这个实验证明,活体组织之间存在着某种在过去并不被我们所了解的能量形式,活体的细胞能够透过这种能量场进行沟通。也就是说,人的情绪会对自身的活体细胞产生直接影响。无论我们的细胞被带到哪里，只要它们存活着，就像一直存在于我们身上一样，时刻感知我们的情绪，并随我们情绪的变化而发生变化。同时，它也会对周围的物质世界产生某种影响。

## 亲子之间的同频感应

广为流传的《二十四孝》中有一个"啮指痛心"的故事，呈现出了父母与子女之间有一种无形的链接。

一天清晨，曾子踏上了前往山林砍柴的路途。然而，他刚离开不久，便有友人前来拜访。友人由于还有其他事务，仅能短暂停留便须继续赶路。

我们深知，在古代，人与人之间的会面是何等不易。他们必须翻山越岭、跋山涉水，全凭双脚行走。没有现代通信工具的辅助，没有便捷的交通工具，古人相遇的喜悦往往难以言表——"有朋自远方来，不亦乐乎"！

这位朋友不辞辛劳，远道而来拜访曾子，却恰逢曾子外出砍柴，而他自己也急于继续前行。在不知曾子确切位置，又缺乏手机等现代远程通信手段的情况下，如何才能迅速通知曾子回家与友人相见呢？

情急之下，曾子的母亲采取了一个非常之举：她咬破了自己的手指。结果，不一会儿，曾子便面带紧张之色，气喘吁吁地冲进家门。原来，曾子在山中忽然感到一阵心痛，觉得一定是家里有事，就马上赶回家中。

这正是："母指才方啮，儿心痛不禁。负薪归未晚，骨肉至情深。"

其实，我们在生活中也常常会遇到或听说这样的现象：一个人的亲人突然遭遇不幸，此人并不在那位亲人身边，也不知道当时发生了什么事情，却会在那一瞬间产生一种莫名其妙的不安或不适感。

这一点我自己便深有体会。数年前，我在浙江衢州讲课，平时很容易入睡的我，那天晚上不知道为什么总是辗转反侧难以入眠。第二天早上我才知道，就在我感到十分难受的那个时候，我的父亲心脏病发作被送进了医院。

我们还经常会碰到"说曹操，曹操到"的情况。这并不是奇迹，而是任何物质都有属于自己的振动频率，并吸引着与自己相同频率的振动"波"的结果。换言之，相同频率的物质之间可以接收到彼此的信息。例如，两个材质、大小、形状、重量等都一样的磬，当其中一个被击打发出声音时，另一个也会发出声音，这就是同频共振的原理。

从物理学的角度讲，人的大脑会向外界发出不同频率的脑波，就像电台、电视台利用电波发送信息一样。人在不同状态下大脑所发射的波是不同的，人产生不同的想法时也会产生不同的脑波。而我们常说"人以群分，物以类聚"，指的就是具有相同波动频率的人、事、物之间相互吸引、相互作用。其实，现实中我们想要的和不想要的一切，都是由我们的心念发出的波与周围相同频率的波产生了共振而吸引来的，这也是一种吸引力法则。

无论父母是否与子女住在一起，是否与子女生活在同一座城市、同一个国家或地区，父母对孩子的影响都不会间断。父母与子女之间的无形链接一直都存在。父母的思想与行为会在无形中传递给孩子，并表现在子女的身体与行为上。

# 03.

## 亲子链接决定家族能量的延续

在人类所有的关系纽带中，父母与孩子之间的链接至关重要。一个人可以换国籍，可以换身体上的器官，唯一不能割舍和替换的就是亲子关系。无论在任何状况下，即使不在同一个国度，不在同一个时代，父母与子女之间、祖辈与晚辈之间都永远存在着一种看不见的链接。即使已经过去几代，这种链接依然会对晚辈的思想与行为产生影响与作用，这是家族的能量。如果这个基础没有打好，父母与子女之间的链接就不能传递能量，这也意味着孩子的能量难以持久，甚至会在瞬间轰然倒塌。

### ✎ 情绪能量的传递，始于生命的起点

许多父母认为0岁是孩子的人生起点，这种认识是不完整的。其实，孩子的人生，早在妈妈怀孕的那一刻就已经开始了。这些年对个案的处理使我清晰地认识到，孩子在母亲腹中时就已经有了"记忆"，对于外面所发生的一切，孩子都会有所感知，只是他们"说"不出来，不能用我们大人的方式来表达自己的意愿罢了。

当孩子还是一个胎儿时，我们可以通过医疗仪器检测他的身体生长发育情况，但仪器只能够观测到胎儿有形的身体部分。我们知道，人是物质和精神的共同体，除了肉体以外，胎儿也是有精神的，只是无法观测到而已。这就好比，一个人在想事情时，我们没办法用仪器分辨出他在想什么；一个人做梦时，其他人也无法观测到他所做的是什么梦。实

际上，做梦和思考都是客观存在的精神现象。

胎儿在母亲腹中时已经可以感知世界，所以，古人在怀孕时讲究"出居别宫，目不邪视，耳不妄听，音声滋味，以礼节之"，目的就是为了避免不恰当的视觉和听觉刺激。即便在今天，医学界同样强调胎教的重要性。

几年前，我处理过这样一个个案：徐先生在一家知名的跨国企业任职，凭借勤奋和在产品研发方面的成就，他赢得了总部的赏识，被安排到美国进修学习。这无疑是一个千载难逢的机会，更是一个成功的跳板。可是，对徐先生来说，他却面临着一个难以逾越的心理障碍——恐高：他不能乘坐飞机。一旦飞机开始起飞，他便会全身颤抖，甚至惊声尖叫。

然而，到美国进修肯定是要坐飞机的，公司几位参加进修的人要一同前往，不可能让他单独乘船。如果他不去美国，就会失去这个经过多年打拼才得到的机会，怎么办呢？面对这种情况，选择对他来说既艰难又痛苦。无奈之下，在一位朋友的介绍下他找到了我，想让我帮他解决这个问题。

我用情志疗法，很快就让徐先生看到了这样一幕场景：一位身穿蓝色花布衣服的女人蜷缩在房间的角落里哭泣，她的衣服很破旧，身旁是一张简单的木板床，床上的小花被下躺着一个正在睡觉的小女孩。这位身穿蓝色花布衣服的人是小女孩的母亲，她哭是因为丈夫被带走了，自己身体有病，肚子里还怀着一个三个月大的孩子。当时，家中没有经济来源，缺衣少食，又是"问题家属"，日子很艰难。这位母亲感到无路可走，就想到了自杀。对当时的她来讲，死亡就是最大的解脱。

当屋里老钟的指针指向9点半的时候，这位母亲一边哭着一边搬了一把凳子，站了上去。她用颤抖的手将绳子的一头绕过房梁，与另一头打了个结，然后便把头伸了进去。正当她要将凳子踢倒时，忽然听到了床上小女孩的哭声。她赶紧下来抱起了孩子。看着怀里的孩子，她忽然有些于心不忍："要是我死了，孩子怎么办呢？况且，肚子里还有一个未出世的孩子！"母爱的本能让她在那一刻坚定了一个信念：活下去，为了孩子，再苦再难也要活着！

在这个过程中，徐先生就像是在讲述一部感人至深的电影，他一边讲一边泪如雨下，最后泣不成声。我问他："那位母亲是谁？"他哽咽着回答："是我的妈妈。"我又问："那个小女孩是谁？"他说："是我的姐姐。"我又问："那个未出生的孩子是谁？"他用颤抖的声音回答我："那个未出生的孩子就是我……"说完，他抱着头大哭了起来。

个案结束后，徐先生说："我长这么大几乎没怎么哭过。从小我就是个胆小怕事的人，有时候明知道自己是对的，我也不敢和别人争辩，只会努力工作。而且，从小时候起我就很怕离开母亲，即使知道母亲外出买东西很快就会回来，我也会很担心。"经过疏导，半个月后，徐先生已经完全解开了心结，并消除了恐高的反应，如愿以偿地坐上飞机去美国参加培训。

多年来，每次处理个案的过程我都保持理性和中立的态度，这是职业的要求，只有放下自己的主观思想与情绪才能更好地将当事人带出阴霾。尽管很多事情背后的原因常常使我感到震撼，但在面对很多让旁观者为之动容、使平时很坚强的人都会落泪的事情时，我几乎都能处变不惊地为当事人进行处理。但是这一次，面对徐先生感人至深的经历以及他对母亲的那种感恩，我也不禁潸然泪下。

每个人的经历，包括在胎儿时期的"所见所闻"，都会对我们的精神自我产生极大的影响，进而使我们形成独特的性格与禀赋。从受精卵形成的那一刻起，父母与孩子之间的链接便已建立。随着孩子不断吸收外界信息，父母的情绪状态会潜移默化地传递给孩子，父母的心理状态将直接影响孩子的性格和气质。特别是在孕期，母亲的思绪和情感、父亲的行为举止等，都将在很大程度上塑造孩子未来的生活。

一位来自北京的学员，在课堂中讲述了孩子怕黑的问题：她的孩子从小就害怕黑暗，晚上上厕所也需要母亲陪伴。经过深入的探讨，我发现孩子怕黑的根源，与母亲怀孕期间的情绪密切相关。

通过情志疗法，我引导这位学员回忆怀孕期间的情感经历。她想起，自己怀孕期间经历了一件让她非常害怕和伤心的事，这种情绪在生命系统中深深植入了孩子的"文件包"。虽然孩子当时还在母亲的腹中，但情感的冲击早已影响了他的成长。此后，这些负面情绪转化为对黑暗的恐惧，一直伴随着孩子。

当我帮这位学员处理了她的不良情绪之后，孩子的恐惧感显著减轻，开始能独自上厕所，黑暗不再让他感到害怕。

### 家族能量的延续，始于亲子的链接

古语有云：近朱者赤，近墨者黑。《墨子》中说："染于苍则苍，染于黄则黄。"

人一生的行为都是耳濡目染父母及周围人的言行形成的，在胎儿期和幼年时期，孩子基本上是与父母的思维频率同步的。特别是母亲，在这一阶段的思考和感受，会持续地影响孩子人格的塑造，以及他们与外界建立联系的方式。实践证明，当孩子在母亲腹中时，如果母亲爱学习知识，那么孩子很可能会很聪明，很有学问；如果母亲爱发脾气，那么孩子出生后，脾气也往往很差；如果母亲性格倔强，不听别人的劝告，那么孩子出生后很可能脾气倔强，不接受别人的劝告……父母的言行举止决定着孩子的脾气秉性，父母与子女之间的关系是人类所有关系中最为直接的关系。

然而，许多父母在决定要孩子时，仅仅考虑了"拥有孩子"的层面，却没有在思想上充分准备好承担起养育孩子的责任。他们尚未意识到，**养育孩子不仅仅是血脉的延续，更是精神与情感的接力。父母的爱与陪伴是孩子生命中最初的能量源泉，也是塑造孩子内在力量的根基。**如果父母无法提供稳定的情感支持和正向的引导，这种链接就会变得脆弱，家族的能量流动便可能被阻断。

家族能量的传承，始于父母与子女之间的深度链接。这不是空洞的说教，而是被无数事实证明了的真理。父母的价值观念和生活方式，包括一些细小的生活习惯，都会在孩子的身上烙下深深的印记，对孩子的人生产生无比深远和全面的影响。唯有父母与子女之间建立起健康而深刻的情感纽带，才能让家族的力量得以延续，为孩子的成长注入持续的生命力，为家族的未来奠定稳固的基础。

### 孩子的命运与家族的福气，始于父母的觉悟

世间的万事、万物、万法都有其深刻来源，没有无根之木，也没有无源之水。事物中都存在着一种平衡。作为家族系统中的一员，我们每一个人都会受到家族能量的影响，而作为家族中的新生命，孩子往往是受影响最大的。这也提醒我们，孩子的问题都是一种对父母或家族成员表示不满的无声语言。

人一生都是在各种关系中碰撞。在所有关系中，与孩子的关系最让人牵肠挂肚。处理好与孩子的关系需要父母的觉悟。如果父母能够从一切关系中看到自己，能够觉悟，通过行动来改变自己，就会提升自身的智慧，凝聚家族的正面能量，使能量的传承与流动正向而顺畅，反之，就会形成拉扯和消耗。

孩子和父母之间是一种互助关系，**孩子是父母提升或者发现自己的最好方式，父母的改变就是在创造孩子的未来。**所以，父母要学会正确面对孩子的问题，在接受、感恩与链接的过程中提升觉悟。孩子的一切

状况都是为了让父母能够有机会看到自己。如果父母能从孩子的状况中看到或者觉悟到自己的问题，有效找到在家族中或自己身上的错误链接，及时将其完善或断开，孩子的状况就会很快得到改善。

当父母意识到自己和孩子相处存在问题时，要放下心中的执念，努力寻找破解方法。这种方法或是打通和孩子之间的障碍，或是发现自己在与父母相处中不当的地方并加以改进，或是通过努力消融家族中的负面能量。这不仅能够有效修正家族中的各种链接，在提升家族能量的同时修正自己和孩子的关系，还能够有效解决很多现实问题，在传承家族能量、成就家族系统的过程中，使整个家族呈现出一片欣欣向荣的景象。这对孩子及后代的发展来说是一个良好家族传承的精神奠基。

一位学员在"生命智慧"课上讲述道，她有两个孩子，分别上小学二年级和幼儿园大班，平时和公婆一起生活。面对育儿的问题时，她对老人的做法有很大的意见：老人经常催促孩子快点穿衣服、吃饭等，这让她感到很不舒服。她尝试提醒老人，不要过度干涉孩子的做事节奏，可老人非但不听，还表现出了强烈不满。对此，她非常苦恼，不知道该怎么办。

听完她的叙述之后，我先跟她解释了一个规律：孩子与家族的链接越好，以后的能量越大，从这一点上来说，不要让孩子和老人之间断开链接。接下来，我和她探讨了一个细节："老人让孩子洗完澡之后赶紧穿衣服，这种提醒是不是合理的？"她也承认，这是对的，可以避免孩子受凉感冒。

其实，这是一个很关键的信号。虽然老人平日里说的话不一定都对，可是为什么当老人说的话没有问题时，她依然会感到很烦躁、很不舒服呢？是哪里出了问题呢？

我引导她思考："在家庭之外的场合中，你有没有类似的情况？比如，谁对你要求多一些、管束多一些，或是插手你的事情，你就会突然地感到很不舒服？"她说："领导突然给我提出意见，让我这样修改，或者那样去做，我会觉得压力很大，好像自己又被否定了！"

经过深入探索，这位学员意识到，她在家庭和工作中出现的这种情绪反应，与早年的经历密切相关。在成长过程中，她因为受到了过度的要求和管控，从而形成了对类似情境的敏感反应。每当有类似的行为出现（如他人插手自己的事务），她便会产生强烈的不适感，甚至是压力与焦虑。

婆婆"催促"孩子的言行，瞬间触动了她的情绪记忆，让她本能地产生不舒服的情绪反应。退一步说，即使不和公婆一起居住，换成丈夫催促孩子时，她也会感到不舒服，因为问题的根源是那些没有被清除的情绪"种子"。

要解决这位学员的困惑，第一步是要深入了解自己内心深处未曾处理的情感体验，认识到自己为何对老人的"催促"如此敏感，并在这个基础上学会调节自己的情绪，从而减少情绪的波动，让自己在面对类似情境时，能更加冷静和理智；第二步是看到家族能量的延续，老人是在用他们那一代人的方式表达对孩子的爱，在他们的"文件包"中，爱通常与物质的保障、生活的节奏密切相关。作为父母，要让孩子理解爷爷奶奶做事的方式，同时也要引导孩子表达自己的需求，比如："我需要多一点时间，等一下就好。"这种方式不仅能避免冲突，还能培养孩子在多元文化和不同生活环境中的适应能力。

为人父母是需要学习的，但我们学习不仅仅是为了知道更有益的人生哲理，更要在觉悟中行动，在教育和爱孩子的过程中，透过现象发现、认识并掌握规律，从而在改变自己、有效提升家族能量的同时，与孩子一起享受更加愉悦的生活。

## 辑六 重建生命链接,提升家族能量

**父母的觉悟就是家族的福气!** 为了孩子幸福而努力的父母,他们的伟大在于有不竭的动力让自己和家庭由此改变,在行动中提升家族能量,这个意义极其深远。为了孩子的健康与快乐,为了整个家族的和谐与发展,让我们提升觉悟,在觉悟中行动,在行动中付出,在付出中收获。

# 04.
## 能量的传承从接受开始

人类社会世世代代繁衍不息，是因为孩子们从父母和祖先那里继承和吸收了维系生命的能量。每个人来到这个世界上的第一个也是最重要的能量来源就是父母。

牛顿第三定律揭示了两个物体之间的作用力和反作用力的规律，它们总是同时在同一条直线上，大小相等且方向相反。在家庭关系中，这一原理同样适用。当孩子能够坦然接受父母的时候，自然就会得到家族中正能量的传承；当孩子无法从心理上认同父母的时候，其结果就会反作用到孩子自己身上。

简而言之，当一个人拒绝接受自己的父母时，实际上就阻断了能量的传承，相当于在拒绝自己。对个人而言，只有先接纳并认同自己的父母及其特质，自己的特质才能得以发展。

一位女企业家，十五年前孤身一人来到广州，从美容美发行业起步。几年后，她代理了一款优质的国际产品，并创立了自己的公司。在短短几年内，她的产品销售终端遍布全国，数量达到了三百多个。尽管她的事业蒸蒸日上，团队规模也在不断扩大，但她内心深处却时常感到一种难以名状的空虚。

她是在单亲家庭中长大的，从小没见过父亲，尽管母亲对她很好，但她始终对母亲有一种难以言说的疏离感。事业有成后，她担心母亲一个人在河南老家会感到孤单，几次把母亲接到广州同住，但母亲却总以不习惯为由返回老家。在与母亲短暂的共同生活中，她们时常会闹一些小矛盾——她喜欢整洁有序的生活，一切都要摆放整齐、保持干净，而母亲却习惯于乱扔乱放，即使没用的东西也要留着。她现在住的房子很大，可对母亲来说似乎仍不足以存放所有杂物，这导致她与母亲的矛盾越来越深。可她就只有母亲这么一个亲人，面对自己与母亲的现状，她有点矛盾和迷茫，一方面内心深爱着母亲，另一方面却对母亲有一种莫名的排斥感。

在处理个案的过程中，她描述出了以下场景：一位母亲因某种原因将一个刚出生的孩子遗弃在医院的垃圾桶旁。垃圾桶周围蚊蝇飞舞，几只老鼠也在那里觅食。突然，一只较大的老鼠注意到了孩子，猛地咬住了孩子的右脚小拇指。剧烈的疼痛让孩子哇哇大哭。孩子的哭声吸引了不远处一个捡破烂的女人的注意，她立刻跑过来赶走了老鼠，并将孩子抱起。看着这个可怜的孩子，心地善良的她便将孩子包裹一下带回了自己的家。

这位女企业家一边叙述着眼前的场景，一边止不住地哭泣。在看到那个捡破烂的女人将孩子抱回家时，她开始不停地呼喊："妈妈，妈妈……"我问她："那个捡破烂的女士是谁？"她深情地说："是我的母亲。"我接着问："那个弃婴是谁？"她说："是我。"她边说边脱下了袜子，露出了右脚小拇指上那个明显的伤痕。

她原本计划将母亲安置于敬老院，认为这样既能让母亲得到妥善照料，也能缓解并减少她们因生活习惯差异长期积累的摩擦。课程一结束，她便决定放下所有事务，立刻启程回家探望母亲。她渴望向母亲表达多年养育和教导的感激之情。

一个月后，这位女企业家再次踏入我们的"生命智慧"课堂，她急切地与我们分享了回家探望母亲的经历。她终于在深深的感恩中，

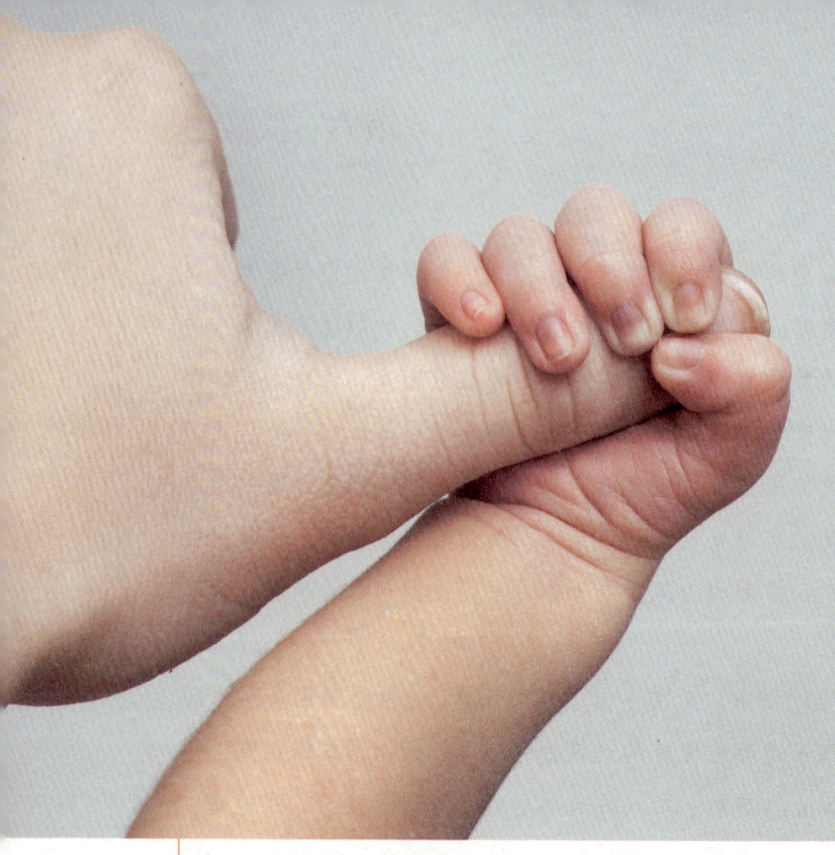

| 给孩子一个支点，他能撬动自己的人生

从心底接纳了自己的母亲——当我们真正从内心接纳一个人时，我们也会认同她的观念、思想和习惯。因此，当她决定让母亲与自己同住时，那些原本存在的习惯差异所带来的矛盾也消散了，她与母亲的关系变得融洽起来。她的故事，让在场的每个人都为她和她的母亲感到高兴。

家族能量的传递依赖于亲子间的链接，种种链接建立在直觉与灵性之上。直觉与灵性又以情感为根基，情感的产生从接受开始。只有子女接纳父母，同时父母也接纳子女时，才能够打通链接，使家族能量得到正向的传承。

如果你跟孩子之间的链接不够紧密，彼此之间的交流出现了阻碍，想修正自己跟孩子之间的链接，就要从自身开始做出改变。当作为父母

辑六　重建生命链接，
　　　提升家族能量

的你能够把尊重和爱还给孩子，并全心全意接受孩子的一切时，孩子在内心深处也必然能够全方位地接受你。当双方之间以无条件的爱为基础，相互接受时，就能够在家族能量的传承中使自己的精神、生命得到进化和升华。

我们最难逃离的，是爱的囚笼

## 05.
### 孩子的成长受制于家族能量

每个人的生活背后都蕴含着家族力量的影响。有时，人们做出一些看似无根无据的选择，其实并不是表面上看到的那么简单。在这些行为的表象之下，是家族力量的无形牵引，它让人在不经意间遭遇特定的事

> 花香蝶自来

辑六　重建生命链接，提升家族能量

找到家族能量的漏洞，摆脱过去的束缚

件，甚至会让事情复制到孩子的身上。

### 家族中的负面能量会代际传递

在"为人父母"的课程中，我曾处理过一个家族三代人都有自杀倾向的案例：学员的父亲曾尝试自杀，他本人也曾有过自杀的念头，而他的儿子甚至一度自杀未遂。带着这些沉重的经历，他走进了课堂，通过学习逐渐转变了自杀的念头。然而，他始终不明白的是：为什么父亲想自杀，他想自杀，儿子也想自杀？

在我用情志疗法引导下，他惊讶地发现，小儿子曾经的自杀行为及倾向，竟然与他自己十七岁时曾经有过的类似行为有着直接的关联。再进一步追溯，他十七岁时的自杀念头又源于他七八岁时目睹父母一起自杀的创伤经历。这个藏在他内心深处的情绪"种子"犹如一个潜藏的定时炸弹，不仅影响了他自己的心智状态，还间接地导致了他的孩子也经历了类似的困境。

更让他难以置信的是，这个情绪"种子"竟然也影响到了他原本性格开朗、思想成熟的大儿子，使其也出现了自杀的倾向。尽管他们的自杀行为被及时终止，但这一系列的自杀事件无疑给这个家庭带来了巨大的冲击和痛苦。

通过课程学习与个案处理，他逐渐领悟到了"本源一体"的深刻含义，明白了只有大家相互支持、同修共进，才能共同面对生活中的种种挑战。他感激那些有形与无形的帮助，让他在这条修行的道路上不

## 笼子不应该关住属于天空的翅膀

世界，就让孩子自己画吧

再孤单。

他深深地明白"天道无亲，常与善人"。只有觉知自我，才能真正实现修圆补缺、返璞归真，重新构建家族能量场，并承担起家族辉煌发展的使命。

这位学员在课程结束后撰写了一篇关于学后感想的文章，标题为《追根溯源，修圆补缺》，讲述他如何深刻地理解了情绪"种子"的形成机制，以及这些"种子"如何对个人及子孙后代产生深远的影响，同时也知道了那些看似偶然的事件背后，实则隐藏着深刻的成因。

这篇感想不仅是对他个人经历的总结，更是对所有人的一种启示和鼓舞。

透过这一真实的个案，我们可以明显地感受到，每个人的背后都有一股家族的力量，这种力量可能源自家族的历史、传统，可能源自先辈们的生活方式和信念。当家族成员之间存在未解决的冲突或负面情绪时，这些情绪和冲突会像阴影一样影响着家族的每一个成员，甚至传递给下一代。当我们发现家族中存在着负面能量时，必须勇于面对和接受，努力地化解和消融，这是为人父母者要承担起的家族责任。

## 疏通家族能量，给孩子最有效的爱

作为家族的一分子，我们每个人都会受到祖先的影响，同时也在塑造着后辈的未来。如果我们不能有效地提升家族能量，我们及我们的后代会一直受到家族问题的束缚和影响，相似的命运和经历也会在家族成员的身上不断复制。这提醒我们，要想后代强大就要尽可能消除负面影响，提升家族能量。

人的现状受制于过往的情绪记忆，家族能量对人生的影响不容小觑，两者相互交织，共同塑造了一个人的内在世界。我们身上呈现出的种种问题，都是因为生命系统在不知不觉中受到了家族负面能量的影响，让我们传承了家族的"问题模式"，从而造成了现实生活中的诸多问题。这是一种共同负罪，一种"家庭使命"的履行。

我们常用"血脉相连"来描绘亲子关系，它实际上也反映了家族能量的传递。血缘关系在父母与子女间构建了一种特殊的情感纽带，这种纽带超越了时间和空间的界限，让孩子感受到父母的关爱，也让父母理解孩子的思想。而当父母与子女间的情感交流受阻，形成障碍时，家族的能量流动就会受阻，可能导致孩子感到爱的缺失，甚至陷入心理困境，出现恐惧、回避、无助、自卑等负面情绪。若不能及时解决这些问题，恢复家族能量的正常流动，孩子可能会出现性格上的缺陷和社交障碍，而情感的持续匮乏还可能在下一代中引发新的家族能量问题。

所以说，很多事情看似是孩子的问题，其根源却是家族能量的漏洞所致。为了减少家族中的负能量对孩子的影响，父母和其他家族成员需要共同努力，识别并解决那些可能阻碍孩子发展的家族能量问题——解决冲突，清除负面情绪，在提升个人境界的同时，提升家族的整体能量。如此，我们和我们的后代就能摆脱过去的束缚，不再重复先辈的问题模式，也不必为先辈的错误背负"惩罚"，从而获得充足的能量。

这几年来，很多家庭通过"为人父母""生命智慧"等课程发现其家族能量的阻碍，并由此打通子女与父母的情感通道，疏通家族的能量通道，建立新的能量链接，从而使孩子心灵中无形的能量郁结迅速消解。同时，父母可以通过切身体验了解孩子的内心需求和真切感受，并懂得如何真正安慰和支持孩子。

父母的家族使命是疏通家族能量，让缺失的家族能量得到补偿。当家族的能量得以提升，子孙后代才能更好地生活，这是我们能够给予孩子最有效的爱。

# 06.

## 遵从家庭序位，修正失序的关系

在日常生活中，我们一贯讲究对秩序的遵从，因为秩序为我们提供了稳定和谐的社会环境。当我们把视线转向家族系统时，会发现序位也是维护家族和谐与稳定的一股不容忽视的力量。

每一个家族成员在家族中都有属于自己的位置，只有每一个家族成员都处于属于自己的位置，才能够保证整个家族系统的平衡与完整。比如，孩子有孩子的位置，父母有父母的位置，爷爷奶奶有爷爷奶奶的位置。当家族成员之间的关系过于错综复杂，或者某些成员被边缘化，大家无法在其位时，家族系统就会失去平衡。

### ✎ 尊重家族系统中的每一位成员

家族是一个系统，我们在系统中必须给予每一位家族成员合适的空间和恰当的位置，把尊重还给每一位成员。

在"为人父母"的课程中，我曾经借助个案分析，向在场的所有人展示了"堕胎对家族的影响"，从而验证了家族能量的作用及其深远影响。通过"解读法"让在场的每个人清晰地看到，即使有充分的理由终止未出生孩子的生命，他们仍然在无形中影响着整个家族，而父母在内心深处也持续承受着对被扼杀生命的愧疚与自责。

人是精神与物质的组合体，物质的身体虽然已经离开母体，但其精神上的影响依然存在。我所使用的"解读法"，就是通过将当事人与离世的孩子调整到同一振动频率，来解读当事人受其家族能量影响的原因，并且加以有效化解。

在家族这个大系统中，命运的相连是为了保持系统的完整性，更是为了维持能量的平衡。当家族系统遗失了某位成员，系统就会产生一股令每个人都无法抗衡的力量，推动各种事物发展以重现原本存在的完整性。为了后代的成长与发展，我们必须理解在家族系统中应遵循的基本原则——**每个成员都享有平等的尊重权利，这是家族系统中的核心秩序**。唯有遵循这一秩序，才能使家族能量达到平衡，更好地创造美满的生活。

有些家族成员会在无意间否定其他成员作为家族系统一部分的权利。例如，当一个已婚男性发生外遇或有非婚生子女时，他的配偶可能会表达这样的观点："我不想知道关于这个孩子或他母亲的任何事情，他们和我没关系"；当某位家族成员经历堕胎时，其他成员可能会默契地不再提及相关的人和事，仿佛他们从未存在过；当某位成员违背家规时，有些家族成员会说："你让我们蒙羞，我们要和你断绝关系……"

说这些的人并没有意识到，他们的话语和行为实际上是在否认家族系统中一个不可或缺的部分。这种否认不仅伤害了被排除的个体，也对整个家族的能量场造成了破坏。家族能量场的和谐与平衡被打破，可能导致家族成员间的关系紧张、健康问题、经济困难，甚至影响到后代的福祉。

"家族系统排列"理念的创始人海灵格说："当家族系统中的每一个人在你心中都有位置时，一种圆满的感觉便会涌现。"为了下一代的健康成长，为了家族的持续发展，我们要重新认识和尊重每个成员在家族中的位置和作用，无论他们是否在场。通过这样的修正，家族成员可以开始修复彼此间的关系，释放被压抑的情感，在使家族系统达到平衡的同时，也能给孩子传承更和谐、更顺畅的家族能量。

### 修正错乱的序位关系

1. 长辈与晚辈的序位

自古以来，我们一直重视尊卑有序的传统，每逢春节，孩子们都会向长辈行礼拜年，以示尊敬。看似一个简单的礼节，其实代表着对长辈序位的遵从。随着时代的演进，物质充裕的同时人们的观念也悄然发生变化。一些家长逐渐忽视了中国优秀传统文化的重要性，导致家族的辈分秩序逐渐出现了混乱。有些父母或祖父母经常亲切地称呼孩子或孙辈为"小祖宗"，完全没有意识到自己已经颠倒了双方的角色，这种做法对孩子的成长是有害无益的。

一个周末的下午，全家人聚在一起给孩子的奶奶过生日。随着敲门声响，孩子的爸爸拎着一个精美的蛋糕走了进来。孩子一看到蛋糕就嚷嚷着要吃。爸爸却说："不行！等给奶奶庆祝完生日后，让奶奶切开再吃。"

令大家没想到的是，孩子一听却不干了，一把抢过蛋糕，恶狠狠地说："哼！不让我先吃，你们也别想吃！"话音刚落，那个精美的蛋糕就被重重地摔到了地上。全家人一片惊愕，奶奶泪流满面："我疼了你12年，宠了你12年，你为什么连一天的爱也不能给我呀？"

也许，大家会责怪小孩的任性、跋扈、不懂事，但这一切能完全归咎于孩子吗？

如果不是长辈们平日里对他百依百顺，如果不是奶奶每次都把好吃的让给他吃，只吃他剩下的东西，如果不是大人们在养育孩子的过程中忽视了对序位的遵从，孩子又怎么可能会如此不懂事呢？孩子不是天生就这样，问题往往出在养育方式上。所以，不要总是一味怪罪孩子，要对自己多一些反思。

长辈是树根，孩子是果实，只有护理好树根，多给树根养分，果实才会香甜饱满。作为家长，如果我们没有解决好与父母的关系，就会导致家族中序位错乱，形成系统的偏差，我们的孩子就容易出现问题。无论是疾病、厌学，还是青春期问题，大都是父母行为的反射，是家族成员造成的结果。所以，我们在教育孩子的过程中，一定要从自身做起，为孩子树立好的榜样，让孩子从小懂得尊老爱幼，学会对家族序位的遵从。

2. 丈夫与妻子的序位

在家族系统中，每个人都有自己的位置和应守的本分，只有当所有人都在合适的位置时，系统才能够达到一个平衡的状态，使能量顺畅地流动起来，家族强大起来。反之，如果序位不当，就会影响能量在系统中的正向流动。

**序位的遵从不只是体现在长幼之别，如果夫妻之间的序位乱了，一样会影响家庭对家族能量的接收。母亲是家里爱的源泉，当母亲越位去充当父亲的角色时，家里就会出现爱的缺失，就会产生冷漠的亲子关系。**这样的影响可能会持续很多代，使我们的后人一代接一代地陷入没有爱的冰冷婚姻和母子关系中。

张女士与丈夫结婚七年，育有一个孩子。丈夫长期忙于工作，家庭事务和孩子的照顾几乎完全由张女士负责，家里的大小决策也都是张女士做主。对于这种现状，张女士的内心有很多不满，她认为丈夫参与家庭事务的时间太少，自己不得不操心各种事，尤其是涉及孩子的教育和成长问题。听到她的抱怨，丈夫也很不满，觉得自己不被尊重，自己的付出完全被忽视了。

这样的婚姻问题在现实中并不少见，夫妻之间往往充满了争执与怨怼，而造成这种现状的原因就是角色分配失衡，忽视了家庭序位中的顺序与层次的重要性。

在家庭系统中，张女士不仅是照顾孩子的母亲，也在很多场合承担了"父亲"的角色，她迫使自己过度承担家庭的"权力"，使得丈夫被"排除"在家庭决策之外，陷入了情感上的疏离。在这样的家庭中，母亲过度控制，父亲角色缺失，孩子无法感受到父亲的存在和权威，可能会把母亲的"强势"和"控制"视为正常的家庭模式。这不仅对孩子的成长有害，还可能导致孩子在情感上产生不安全感或对未来的亲密关系产生困惑。

要解决这种角色错位和情感失衡，最有效的办法就是夫妻之间恢复"正确的序位"，即：丈夫重新回到家庭中担起父亲角色，张女士不再越位充当"父亲"。与此同时，张女士也要从内心理解并接受丈夫的父亲角色，给丈夫足够的空间和尊重，让他参与到孩子的教育和成长过程中。

3. 孩子之间的序位

有一位学员找到我，说她被"谦让"的问题困扰了很久。每当工作中出现竞争或需要决策时，即使她有能力和信心把这件事情做好，也会不自觉地退让。这种行为让她产生了困惑："明明我心里是有把握的，为什么我会退让？这是发自内心的谦虚吗？"

我告诉她："当我们总是不断地重复某种行为，且自己也说不清楚原因时，往往是内在的生命程序在发挥作用。只要别人想要，或者你觉得别人需要，你就会退让，根源可能就是你的程序，你的'文件包'。"

当她理解了"文件包"理论之后，在我的引导之下，她回想起了早年的成长经历：她在家里排行老大，下面还有一个妹妹。父母和奶奶常常教导她要"让着妹妹"，承担更多的家务和责任。这种教育方式让她习惯了为他人着想，甚至在许多情况下会抑制自己的需求和愿望，以确保妹妹或其他家庭成员的需求得到满足。

每个孩子根据出生顺序都有其在家庭中的"位置"，孩子的出生顺序决定了他们在家庭中的"先后顺序"，以及对家庭系统的影响。有些家庭在生了二孩之后，父母会把大部分的精力投注在年龄较小的孩子身上，且让第一个进入家庭系统的孩子也要照顾弟弟妹妹的需求和感受。如此一来，第一个孩子的自我发展和情感需求可能会被忽视，他们往往会过早地承担起照顾家庭的责任，甚至牺牲自己的成长和兴趣。

透过这位学员的讲述，我们不难看出：**作为家里的长女，她从小就被教导要"让着妹妹""照顾妹妹的需求"，哪怕是自己受委屈也是应该的**。时间久了，"退让"的种子就成为她生命系统中的一种自动程序。要打破这种模式，学员需要重新认识自己的需求，学会在适当的时候为自己争取空间，而不是总是将自己置于他人之后。

这个案例也提醒育有多个孩子的父母，一定要意识到每个孩子独特的个体需求，尽量平衡对他们的关注和引导，避免因出生顺序而导致的资源分配不均和心理负担。

### 母亲在家族系统中的重要性

母亲是一个非常伟大的角色，她既能成就一个家族，也能毁掉一个家族。在家族系统中，她任重道远又无比特殊，她既是女儿、儿媳，也是母亲、妻子；既要保持与外界的链接，又要做好对内部的疏通；既要对长辈修"受"，又要对孩子修"舍"，还要懂得尊重爱人。可以说，母亲对家族序位的遵从与否直接决定着孩子能否健康成长。

一位在美国留学的中国学生因为想转去日本学习，就在美国报了一个日语补习班。让他没想到的是，在这个日语补习班里居然有一位七八十岁的华裔老太太。

起初，他以为这位老夫人学日语只是为了消磨时间打发无聊的日子。没想到，这位老夫人学得异常认真，不管刮风下雨，她从不缺课，还总是带着乐趣去学习，这让班上很多年轻人都很佩服。每次考试，老夫人都是第一名，班上很多年轻人经常因为缺课太多去借老夫人的笔记。

老夫人的表现让这个学生无比感慨，他说："虽然我不知道这位老太太是谁，但我相信，她一定是一位优秀的母亲，一定有一群非常棒的孩子。"他的猜想没错，几年之后，他赫然发现，美国历史上第一位华裔女部长——美国前劳工部长赵小兰，就是这位老太太所养育的优秀孩子中的一个！

系统是一个约束体系，只有遵守规则，遵从序位，孩子才能够在家族中自由成长。序位错了，就会产生系统乱象。如果你发现孩子与长辈之间，自己与长辈之间或是孩子与孩子之间存在着冲突，请你重新审视家族中的序位关系，可能会找到问题的根源。

为了实现家庭和谐与后代的幸福，让我们改变自己，努力修复家族中错乱的序位关系，恢复爱的序位，凝聚爱的原动力！让我们在摆正序位、理解真爱的过程中，恢复家族系统的正常运行，让我们的孩子在家族能量的顺畅流通中活得更自在、更健康！

# 07.
## 对父母修"受",对孩子修"舍"

在人生的旅程中,我们要扮演很多角色,承担很多责任,其中最为重要的责任就是:**向上恭敬孝养父母,向下同心教育子女**。人生是一个修行的过程,对父母修"受",对孩子修"舍",如此才能得到真正的学习和成长。

### ✒ 对父母修"受":接受父母,尊重父母

你会发现,这世界上有一个"我","我"是怎么来的?是父母让我们来到了这个世界,他们是我们生命的源头。我们不能忘记自己从何而来,孝顺父母是每个人的必修课。

古语有云:"不当家不知柴米贵,不养儿不知父母恩。"很多人成为父母后,才深刻体会到父母的用心良苦,才了解父母的不易与艰辛。作为子女,无论我们年纪多大,始终应怀着感恩的心,好好对待父母。

对父母修"受",不仅仅是表面的孝顺,更多的是一种内心的接纳与理解。

**有些子女常常替父母做决定,却忽视了他们内心的需求。**例如,一些子女在城市里拥有了一个舒适的家,就想让在农村的父母来城市跟着自己"享清福",于是把他们接到城市来生活。子女的本意是让父母生活得更好,然而这种改变是否真的符合父母的心愿呢?父母可能已经习惯了乡村的生活,在农村他们可以走街串巷,没事与左邻右舍聊聊家常,

菜园子种上自己喜欢的蔬菜，日子也忙中有乐。而在城市的高楼大厦里，他们人生地不熟，每日只能在家无所事事，倍感孤独。

现实生活中，很多老人的生活都与电视里经常播放的一个公益广告一样：他们在家里烧了一桌好菜等着孩子们回来，可最终却接到一个又一个因为种种原因不能回家的电话。老人们在理智上都能够理解儿女们工作的繁忙，但在这种情况下仍然不免孤独与失落，只能对着满桌的饭菜发呆。当父母孤寂地守着我们那个所谓的幸福之家时，他们的心里只有落寞。

除非父母真的想要过和我们一样的生活，他们自己愿意改变，否则，不要自私地想着去改变父母，把自己的意愿强加给他们。**尊重父母的生活方式与选择，才是最恰当的孝敬方式**。只要他们能开心地生活，只要他们觉得自己是幸福的，我们就接受这种状态，也算尽到孝心了。对父母修"受"，就是接受父母、尊重父母、孝顺父母。

### 对孩子修"舍"：舍得放手，给予自由

一个家族犹如一棵大树，老人是树根，夫妻是树干，孩子是果实。要想家庭幸福，一定要爱家族大树的树根，也就是我们的父母，正所谓"百善孝为先"。把爱浇灌在树根上，这棵大树就会枝叶繁茂，营养从树根开始往上传输，经由树干，最后滋养果实。这样的大树才会越来越粗壮，越来越茂盛。

在现实生活中，许多家长颠倒了顺序，把所有精力都倾注在孩子身上，从而造成了孩子身上的诸多问题。比如：过分宠溺孩子，不舍得让孩子做家务；总是娇惯孩子，一切以孩子为中心；凡事顺着孩子，想方设法满足孩子的各种要求……这样做的后果就是孩子变得自私、无礼、傲慢、懒惰，甚至不孝。

在这样的教养之下，孩子凡事都只会想着自己，不会为父母和他人考虑。有一个现象很能说明这个问题：全家人围着餐桌一起吃饭时，妈

妈夹起的第一口菜会给自己的孩子，无比疼爱孙子的爷爷奶奶自然也不甘示弱，同样会先夹菜给自己的孙子。这就潜移默化地让孩子形成了一种错误的认知：所有人都在争着为我服务，我是家中的老大，一切唯我独尊。在这种思想观念之下，他又怎么会把父母长辈放在眼里呢？往往是稍不顺心意，就大发脾气。

父母固然应该为孩子付出，但要讲究付出的方式。有些父母为了孩子，不惜放弃自己的事业和生活，他们把这种"牺牲"视为爱的付出。实际上，这种做法是一种自我价值的缺失和对孩子未来的过度干预，会让孩子感到沉重的压力，甚至产生愧疚感。

面对父母的"牺牲"，孩子可能会觉得，自己必须按照父母的期望去生活，否则就是对不起父母。长此以往，孩子的自我意识被压制，很难形成独立的人格和健全的心理。更重要的是，这种牺牲往往会让孩子误以为爱就是控制和索取，导致他们在未来的亲密关系中也会采取同样的模式，形成恶性循环。

真正的付出，是无条件的、没有压力的，能让孩子感受到父母的爱与温暖，而非控制与压迫。**父母对孩子要修"舍"，要学会适当地放手**，让孩子在成长过程中逐渐学会自主思考和独立决策，在尝试中学会承担责任，提升解决问题的能力。这样的教育模式更有助于孩子建立健康的人际关系和完善的自我认知，从而在未来的生活中更加自信和从容。在此过程中，父母也要不断反思和调整，找到平衡点，既不过度干预，也不完全放任，真正助力孩子走向成熟和独立。

父母是我们的根，孩子是我们的果。作为子女，我们需要学会接受父母的教诲与关怀，尊重他们的选择；作为父母，我们要学会给孩子自由与尊重，让他们在独立中成长。在这段修行的路上，只有懂得"受"和"舍"的智慧，才能获得真正的幸福和成长。让我们在家庭中修好每一段关系，让爱在"受"与"舍"中延续。

## 【个案解读】
### 为什么不能和家人"好好说话"?

"我明明知道该怎样和丈夫说话,怎样和孩子沟通,可是说出来的话却总是'带刺',我也不知道该怎么办……"这是一位学员在课堂上倾诉的困惑,她表示自己已经做了很多努力,想要创造一个和谐的家庭环境,可是每次的努力似乎都不奏效。

听到她的话,我意识到问题的根源并不仅仅是沟通技巧的问题,更深层的原因可能是她有未解的情绪问题。她告诉我,每次在和家人相处时,总是被不良情绪所左右,即使她明白自己应该保持理智和耐心,但每当面对丈夫的冷漠或孩子的任性,她的情绪就会不自觉地爆发。

通过她的分享,我了解到,问题出在她的内心深处。她早已形成了一种不易察觉的认知模式,导致她无法平静地与家人沟通。这种模式并非突然出现,而是源自她早年的经历。

我问她:"你小时候在家里是否受到一些不平等的待遇?"她犹豫了一下,说:"我小时候总是感觉比弟弟少得到关爱,爷爷总是偏爱弟弟,给他更多的关注和物质资源,我总是处在一个被忽视的角色的位置。"这段经历深深影响了她的情感认知:"我觉得自己作为女性,不被重视、不值得被关注。"

我给她澄清了一个问题:目前和丈夫、孩子的沟通困扰,其实是她在成长过程中形成的"文件包"所引起的情绪反应。我给她举了个例子:"你小时候,总是看到爷爷对弟弟的溺爱娇宠,这让你产生了'我是女性,不被重视'的情感。后来在学校里,你也会觉得自己是女孩,就应该为别人让位。这种认知和情感,在你后来的生活中持续影响你。"

## 辑六　重建生命链接，提升家族能量

她听后深深点头，似乎终于明白了自己为什么总是感觉丈夫不理解她，总是觉得家庭关系中自己不被重视。

我告诉她："我们每个人的情绪，都是由过去的经历和认知积累而来。你今天在婚姻中的感受，可能并非丈夫的错，而是你内心深处的这些情绪包裹，让你不断把'不被重视'的情绪投射到他身上。"跟随我的引导，她开始觉察并释放这些情绪包裹。

在经过了情绪处理后，她逐渐从过去的阴影中走出来。在面对丈夫和孩子时，她开始有意识地不再让错误的情绪主导自己，而是通过理智和觉察来调整自己的态度与行为。在后续的课程中，她向我反馈："当我意识到这一切背后的原因后，我变得更加冷静和理智，和丈夫的关系也开始有了明显的改善。"

很多家庭问题并非表面看起来那么简单。我们常常以为是沟通技巧不对，或者生活中的冲突引发了问题，却忽视了深藏在心底的情绪积淀。

"好好说话"这四个字看似简单，但做起来却非常困难。真正的困难，不在于如何表达，而在于如何在情绪来临时，保持冷静与清醒，如何从内心深处放下那些陈旧的认知与情绪包裹，学会理性地与他人沟通。这不仅仅是情感沟通的技巧，更是一种自我觉察与内在转变的过程。只有真正觉察到自己内心的情绪包裹，并理解它们对自己行为的深刻影响，才能为家庭关系的改变创造转机。

生活中的很多困境并非无解，而是需要我们从过往的情绪包裹中走出来，才能真正做到自如地应对每一个挑战。这一过程，既是自我疗愈的过程，也是与他人建立更健康和谐关系的起点。

# CHILDREN
## Parent's Greatest Journey

辑七 > 为孩子创造幸福一生的"文件包"

父母与孩子的关系是人一生中最重要的关系，是所有关系的根源。父母不经意间的一言一行，都可能成为孩子未来生活中的"预设程序"。如果父母不成长，不提升心智，孩子往往会形成无法突破的生命局限。当父母愿意做出改变，提升自我修养，孩子也会在这个正向能量的影响下，拥有更宽广的成长空间。养育不是单纯的奉献与付出，是父母与孩子之间的双向奔赴。今天你为孩子播下的"种子"，将成就他们明天的丰盈。

# 01.
## 家庭环境是孩子成长的土壤

孩子是一棵稚嫩的小树,家庭是这棵小树赖以生长的土壤。家庭环境的温馨和睦,父母的言传身教、支持与关注,直接影响着孩子的心理状态与人格发展。每一位为人父母者都应当思考一个问题:**你给予孩子的是一片滋养他们心灵的肥沃土壤,还是让他们在困顿与压力中挣扎的精神荒地?**

### ✎ 家庭认知:孕育思想观念的土壤

每个人的生命都源自父母,同时也承袭了父母的思想和价值观。虽然随着年龄的增长,个人认知会逐渐受到外界环境和他人观点的影响,但家庭所赋予的认知依旧牢牢印刻在内心深处。父母把他们的认知传递给了我们,我们也会将自己的认知灌输给孩子。因此,每个家庭都会形成独特的认知体系。这种认知不仅塑造了家庭的生活方式,也深刻影响着每个家庭成员的行为和思维方式。

有些家庭热衷于与邻里朋友频繁互动,下班后邻居们常来串门,家中总是人声鼎沸,洋溢着温馨的气氛;有些家庭把下班后的时间视为私人空间,不喜欢被打扰,甚至会闭门谢客。

有些家庭认为用餐时刻是家人团聚的宝贵时光,他们会特意安排时间,确保全家人围坐在一起,享受温馨的用餐时光;有些家庭的客厅常常空无一人,即便是用餐时间,家人也难以聚齐。

有些家庭崇尚节俭，每个人都能吃苦耐劳；有些家庭认为工作是为了享受生活，追求美食、娱乐。

每个人的生活方式都受到个人思想和情感的驱动，而这些思想和情感很大程度上源自家庭成员灌输的认知。随着我们长大成人，离家独立，我们对家庭的感知和情感将帮助我们塑造新的家庭。我们对家的感知将决定我们所创造的家庭环境，这种环境承载着原生家庭的基因，代代相传。

在热衷互动的家庭中长大的人，更容易学会社交技巧，培养出开朗和包容的性格；在注重私人空间的家庭中长大的人，可能会更倾向于独立思考，形成内敛和自律的个性。

在共同用餐的家庭中长大的人，不仅把餐桌当成填饱肚子的地方，更把它当成情感交流和价值观传递的重要场所，感受家庭的温暖和关爱，更有家庭归属感和责任感；在鲜少共同用餐的家庭中长大的人，可能会缺乏这种亲密的互动体验，情感连接相对薄弱，甚至可能在成长过程中感到孤独和疏离。

在崇尚节俭的家庭中长大的人，懂得珍惜资源，通过努力奋斗来获得更好的生活，在面对困难时往往表现出更强的韧性和毅力；在追求生活享受的家庭中长大的人，更注重生活品质，善于发现生活中的美好，懂得如何平衡工作与娱乐，享受当下。

### ▲ 教养方式：塑造心智状态的土壤

我们教育孩子的方法，主要受到自身所接受的教育方式的影响。回想过去，我们的父母是如何教育我们的，即便我们当时感到不适应、不认同，但当我们长大成人并成为父母时，我们对待自己孩子的做法却往往复制了我们童年时期最反感的那些教育方式。这是因为，那些方式已经在我们心中刻下了深深的烙印。

有些人小时候经历过"打骂教育",虽然心里明白这种方式让自己受伤,可当自己成为父母后,却依然习惯性地用这种方式来管教孩子。起初,他们也会反思,决心更温柔地对待孩子,可一旦孩子犯错,怒火依旧会从内心涌上来,言语和行为不自觉地变得尖锐甚至暴力。这种"传承"就像一种本能,虽然他们很不愿意重复父母的做法,但在情绪"种子"的驱使下,依旧会沿袭过去的方式。

有些人小时候生活在高压的家庭环境中,总是感到缺乏自由与支持。长大后,他们可能会觉得自己已经懂得如何去避免这种教育方式,但他们的孩子却常常感受到过度的管束,缺乏独立的空间。很多时候,他们会将自己的理想和期望强加给孩子,生怕孩子在人生的某个环节掉队。"我小时候没有这个机会,你必须做到",这样的声音不时响起,虽是出于好意,却让孩子喘不过气来。

有些人自己小时候被教导要勤俭节约,甚至到了节衣缩食的地步,他们往往没有意识到,这种心态已深深植入他们对下一代的教养方式中。他们总是向孩子强调金钱的珍贵,提倡省吃俭用,生怕孩子乱花钱。虽然这种教养背后有着父母对生活的智慧和对未来的担忧,可孩子长大后,却很容易形成"过度节俭"或"焦虑消费"的心理,缺乏享受生活的能力。

### ✎ 行为习惯:决定人生轨迹的土壤

每个人的生活轨迹,常常在不知不觉中被一些看似不起眼的习惯所塑造。无论是父母对待工作的态度、人际交往的方式,还是时间管理、压力处理的习惯,都会在潜移默化中影响孩子的思想和行为。

一个以诚待人的家庭,重视自律与努力的父母,会让孩子逐渐培养出积极向上的心态与强烈的责任感;一个待人冷漠的家庭,对生活懒散随意的父母,会在孩子心中根植消极的生活态度。家庭的环境和父母的习惯,随着时间的推移,将在孩子身上生根发芽,最终决定他们未来的行为模式和人生轨迹。

行为习惯并非一朝一夕的结果，而是在长期的生活积累中形成的。

父母是否有时间概念，是否有规划地安排每一天，是否尊重他人，是否遇到困难时保持乐观，这些看似不起眼的细微行为，都会不知不觉地内化为孩子的个人品质。

**如果父母习惯性地拖延，孩子往往也会变得懒散；如果父母总是积极解决问题，孩子也会学会主动面对挑战；如果父母始终保持对生活的热情，孩子也更容易培养出自信和探索精神。**

家庭的认知、教育手段和行为习惯，共同塑造了孩子成长的土壤。每一个父母曾经都是孩子，尽管现在的我们已经为人父母，但过往的成长历程、家庭环境和父母的教养方式仍然对我们产生着影响。这些不仅铸就了我们的性格与行为模式，也在无形中塑造了我们对待自己孩子的态度和方式。

作为父母，我们要不断地学习和修行，主动改变不合适的认知和行为方式。这不仅是对自身生活轨迹的调整，更是对家庭文化和教育方式的重塑。我们清理掉一个负面的"文件包"，就相当于为孩子移除了一个阻碍幸福的隐性障碍；我们提升认知与情感素养，就相当于为孩子营造了优渥的成长环境，播下积极幸福的"种子"。

## 02.
### 改变孩子，先改变自己

有些父母在孩子的教育上倾注了大量的时间、精力和财力，但效果却不如预期。如果你也有这样的困惑，或许你需要反思一个问题：教育仅仅是物质和金钱的投入吗？如果教育真的是一笔交易，那么它岂不显得过于肤浅和简单？

有些父母误以为，只要告诉孩子"该怎么做"，他就能轻松学会如何生活、如何处事。如果你也在这样做，或许你需要认清一个事实：生活中的很多道理，无法仅靠言语传递，还需要通过实际行动来示范。

苏联教育家马卡连柯说："不要以为只有同儿童谈话、教训他、命令他的时候，才是进行教育。你们生活的每时每刻，甚至你们不在家的时候也是在教育儿童。你们怎样穿戴、怎样跟别人说话、怎样议论别人、怎样对待敌人和朋友，等等这一切，都对儿童有着重要的意义。"

### ✎ 真正的教育，始于父母的身教

孩子的成长是一个从无到有，逐步建立对世界的认知的过程。言传可以帮助孩子初步认识世界，但要真正地理解并内化这些内容，还得依靠父母的身教。在孩子的世界里，父母的一言一行永远有着最重要的教育意义。孩子会在不知不觉中模仿父母的言谈举止、处世态度及待人接物的方式、方法，并且会在某些场景中把这些无比真实地展现出来。

有一位父亲，他没上过学，却培养出了两名名牌大学的学生。对于孩子的教育，他的体会是：与孩子共同成长，让孩子当自己的老师。

他说："小时候家里穷上不起学，所以在学习上我根本帮不上孩子。但如果真的对他们放任不管，我又不放心。后来，我就每天跟孩子一起学习，让他们当我的老师。每天从学校回来后，他们会给我讲课，然后我们一起写作业。当我遇到不懂的问题时就会主动问孩子，如果孩子不懂他们就会去问老师。

"就这样，在既当学生又当老师的过程中，他们的成绩也逐渐上升到了班级前列，后来成了年级第一，如今都考上了自己理想的大学。在这个过程中，我从来都没有要求孩子好好学习，但当他们看到我劳累一天后还跟他们一起学习，就劲头十足。并且，在这个过程中，他们也真实地体会到了学习的乐趣。"

这位父亲的做法，实际上揭示了一个深刻的道理：父母的行动比言语更能影响孩子。通过共同学习，他不仅给予了孩子知识上的支持，更重要的是传递了一种积极向上的生活态度和学习精神。孩子在耳濡目染中，逐渐形成了自律和勤奋的品质。此外，这种互动式的学习方式也极大地增强了孩子的自信心和责任感。当他们成为"小老师"时，不仅巩固了自己的知识，还锻炼了沟通和表达能力。

### ✎ 用真实的行动，带领孩子改变

许多父母对孩子的问题行为感到焦虑不安，一心想让孩子改变，却忽视了自身行为对孩子的影响。**如果父母本身缺乏自律和积极的生活态度，却期望孩子能够自觉自律、热爱生活，这显然是不现实的。**为此，父母应当先审视自己的行为，反思自己在生活中存在哪些问题，在养育孩子过程中疏忽了哪些方面，用自己的改变改变孩子，通过自身的行动，带领孩子摆脱困境，重回美好生活的正轨。

《改变孩子先改变自己》一书的作者贾容韬，最初并不是一位教育工作者，而是一位事业有成的商人。因为有过一段痛苦的育儿经历，贾容韬放弃了自己辛苦经营的企业，转而投身到青少年教育领域。

贾容韬的儿子曾是一名"网瘾少年"，在求学期间，他的学业成绩很差，且经常在学校里打架闹事。在小学和初中的阶段，他有过两次被学校劝退的经历。面对儿子的状况，贾容韬试过打骂、惩罚等极端手段，但结果却事与愿违，儿子的行为不仅没有得到改善，反而更加放肆，频繁流连于网吧，甚至夜不归宿。

贾容韬深感挫败，他深刻地认识到：孩子的问题与自己过去的疏忽管教、情感忽视有很大关系，为此他决定放弃事业，回归家庭，全心全意地陪伴孩子。在回归家庭生活后，贾容韬开始积极学习教育相关知识，摒弃了暴力和强制的教育方式，转而通过自己的行为来正面影响儿子。

为了协助孩子培养规律的生活习惯，贾容韬坚持每日早睡早起，亲自打扫家中的每一个角落，确保环境的整洁有序。面对儿子对网络的沉迷，他也没有采取强硬手段禁止儿子上网，而是选择自己开始阅读各类书籍，为孩子营造一个有利于学习的良好氛围。

随着时间的推移，贾容韬的儿子逐渐受到父亲行为的影响，去网吧的频率明显降低，夜不归宿的情况也少了。有一次，在同学的鼓动下，儿子再次夜不归宿。第二天清晨，他带着满脸的愧疚返回家中。

这一次，贾容韬没有责骂儿子，而是为他准备了早餐，还对儿子说："我知道你昨天晚上去网吧通宵了，但我看到了你这段时间的改变，你去网吧的次数比以前少多了，这说明你很有意志力。一个连网瘾都能克制的人，还有什么能难倒你呢？"儿子在听了父亲的话后，既感到惊喜又感到羞愧。从那天开始，他更加坚定地要戒除网瘾，并且也真的做到了。

之后，他重新回到了学校，通过不懈的努力考上了大学。

中国儿童教育家孙敬修说："孩子的眼睛是录像机，孩子的耳朵是录音机，父母个人的言行，对于未成年人的心灵来说，是任何东西都不可能替代的最有用的阳光。"

**教育从来不是单向的施予，而是一场双向的成长。**在这个过程中，父母既是引导者，也是学习者。通过观察孩子的反应和成长，反思自己的教育方法，摒弃自以为是的态度，放下自己的成见和想当然的想法，通过自身的改变来影响孩子，成为真正的榜样。

# 03.

## 孩子的人生底气，来自无条件的爱

父母总希望"青出于蓝而胜于蓝"，总盼望自己的孩子能够"长江后浪推前浪，世上新人赶旧人"。这是属于父母的执念。

正因为父母常常抱有这样的执念，他们才会总觉得孩子的行为表现不尽如人意，进而将教育孩子视为一件吃力不讨好的事，常常为如何教育孩子而烦恼。在繁杂的教育理论和各种方法面前，许多父母感到迷茫与无力，不知从何入手。

其实，教育并不需要复杂的理论或烦琐的方法，我们只需秉持一个简单却至关重要的原则——给孩子无条件的爱。只有在爱的滋养下，孩子才能感受到真正的关怀与支持，成长才能在温暖与理解中自然展开。

### ✎ 当爱与条件捆绑，孩子会与你渐行渐远

每一个父母都深爱着自己的孩子，但却常常在某个时刻发现，孩子跟我们说话只有简短的几句，而和朋友在一起时，却能关上房门，畅谈很久。对此，我们感到嫉妒、不解，不知道为什么自己的孩子会慢慢与自己无话可说。其实，问题的根源往往就在我们自己身上，因为我们的爱是有条件的，往往是在孩子达到某些要求时，我们的爱才会显现。

不是吗？当孩子出现你所不能容忍的状况或行为时，你是怎么做的？你是不是生气地向孩子咆哮？是不是会怒火中烧地打骂孩子？你有

没有想过，这其实是孩子对我们爱的考验：如果我不够好，爸妈还会爱我吗？如果我成绩不好，爸妈还会爱我吗？如果我任性不听话，爸妈还会爱我吗？如果我犯了错误，爸妈还会爱我吗？

孩子刚生下来的时候，我们会说："只要健康就好！"稍大一些的时候，我们会说："快乐就好！"可是，孩子开始学习的时候，我们似乎就忘记了自己的初衷，会对他提出一大堆要求："你必须听话，必须专心听讲，必须按时完成作业，必须取得好成绩……"如果孩子达不到我们的要求，我们就会开始喋喋不休地指责与训斥，全然不见了曾经对孩子的知足与爱意。

我们爱孩子的方式常常在无形中告诉孩子："你必须考第一，才是我们的好孩子。虽然每一次考试都会有最后一名，可最后一名绝不能是你。别人的孩子可以垫底，我们的孩子不可以。"**我们对孩子的爱，似乎总是带着条件。**

每每孩子让我们感到不满时，我们就会生气地训斥孩子："再哭，妈妈就不要你了""怎么把家里弄得这么乱？赶紧收拾，要不妈妈就不爱你了""好好吃饭，别乱说话，否则明天不带你去游乐园""乖乖写作业，不听话妈妈就不疼你了"……你是否知道，这些训斥在孩子听来，意味着：爸爸妈妈不会无缘无故地爱我，哪怕我本身并不情愿，也必须迎合他们的要求，让他们满意，那样我才能得到他们的爱。

然然最近总是隔三差五地肚子疼，妈妈带她去医院几次总也查不出毛病。一天，妈妈在整理然然房间的时候，偶然看到了写在本子上的一段话："我不想去上学，所以就假装肚子疼，这样就不用去上学了。"

然然为什么要假装肚子疼呢？

把然然从学校接回来之后，妈妈并没有对她发火，而是温和地说出了自己的发现，并道歉说自己不是故意的，只是想帮她收拾一下房间。

然然接受了妈妈的道歉，之后，妈妈又问："然然，能不能告诉妈妈，你为什么不想上学，还假装肚子疼呢？"

然然咬了咬嘴唇，抬起眼睛望着妈妈说："自从我上学后，妈妈就变了，我发现是每天的功课害得妈妈不爱我了。不过，那次我突然间肚子疼时，又感受到了妈妈的疼爱，所以，我就假装肚子疼。"

听了然然的话，妈妈心中猛然一惊，这让她想起了最近自己对待孩子的方式。因为刚上小学，面对孩子做作业时的拖沓与贪玩，她常常控制不住自己的情绪，生气地责备然然。没想到，这让然然觉得是功课导致妈妈不爱她了，怪不得最近孩子经常问她说："妈妈，不管我写不写功课，你都会爱我吗？"

然然妈妈终于明白，是自己不正确的做法误导了孩子。她为自己之前的不当做法向然然道歉，告诉然然："不管然然做不做功课，妈妈都会爱然然。不过，既然你上了学，我们就要好好地做功课，把功课做好，才能学到更多的知识，才能知道更多的东西，获得更多的快乐。"

听了妈妈的话，然然知道妈妈会永远爱自己，答应妈妈每天会好好地做功课。之后，然然再也没有装过肚子疼，也不再厌恶学习了。

作为父母，我们应当从孩子的问题中发现自身的不足，并及时修正自己对待孩子的方式。要知道，有条件的爱对孩子的成长是有害的，不仅无法激发孩子积极向上的动力，反而会让孩子产生严重的畏惧心理，自信心逐渐崩塌，陷入迷茫和无所适从的境地。他们开始会不敢去做任何可能无法让父母满意的事情，进而产生厌学、自闭等不良情绪，严重影响今后的身心发展。即使有些孩子能够通过迎合父母的要求来取悦父母，内心也会极度害怕失去爱，渐渐学会伪装自己或对他人说谎。长期如此，他们可能会形成很强的虚荣心，甚至发展出严重的心理问题。

## 有条件的爱，容易催生功利心

在有条件的爱的环境中成长，孩子会逐渐形成了一个错误的信念——只有达到某些标准，才能获得父母的爱与认可。这些标准往往是成绩、行为规范甚至是外界的评价。当孩子意识到，别人给予自己的爱是依赖于他们是否"达标"时，就会本能地开始过分追求外在的成绩和表现，忽视了学习与成长的真正乐趣。

在这种功利心的驱动下，孩子很容易把一切与成绩、奖励等外部因素挂钩，产生一种只为结果而努力的心态。他们会对成绩产生过度焦虑，甚至一度将自我价值与成绩直接绑定，无法享受过程中的快乐和认清成长的价值。长此以往，孩子的心理健康会受到侵蚀，产生焦虑、抑郁等负面情绪。

更严重的是，这种功利心态还会影响到他们的社交能力和情感表达。孩子会更加依赖外界的评价和认可，失去了对自己内在情感和价值的真实感知，形成对他人过度依赖的心理模式，最终难以与他人建立健康、平等的人际关系。

曾经有一位妈妈向我求助，她的孩子刚到外地上大学，不到半年便表示不想再读书，想回家。这个孩子从小学习成绩优秀，也很乖巧，深受父母和周围人的喜爱。所以，父母想不明白，孩子到底怎么了。

详细了解孩子的成长背景和过往经历之后，我告诉孩子的妈妈：孩子之所以出现这样的状况，是因为他从小一直接受周围人的夸奖。进入大学后，面对一个陌生环境，老师不像以前那样常常给予夸奖，班级同学也未能及时给予他足够的认同与反馈。这让孩子产生了巨大的失落感，从而萌生了放弃学业的念头。

从更深层的角度来说，父母和周围的人对孩子的夸奖没有帮助他建立足够的内在力量与自信，反而让他形成了一个依赖外部评价的情感程序。每当他做得好时，他需要得到"你很棒"的反馈，这种情感程序像病毒一样深藏在孩子的生命系统中，随时被外界的刺激触发。当孩子无法在大学里获得足够的夸奖时，他的情绪就会产生强烈的反应，产生自我怀疑和低落感，最终导致他觉得自己无法继续面对学习和生活的挑战。

多关注孩子的努力过程，而非仅仅关注结果，这有助于孩子构建一个健康且自信的自我评价体系，更好地抵御外界压力，并培养出更强大的内在动力，以应对人生的各种挑战。简而言之，**夸孩子聪明不如夸孩子努力。**

有条件的爱还会让孩子形成错误的比较心态，他们会不自觉地以外在的表现来评判自己，忽视了内在的自我价值。这种比较心理常常来自父母对其他孩子的暗示或直白对比："看看别人家的孩子，怎么那么优秀！你是不是也该向他们看齐？"这种比较不仅让孩子感到压力山大，还使他们的自我认同建立在外界的标准上，而非自己的内心。

在这种环境下，孩子们无法真正理解自己的独特性和价值。**每当他们与他人比较时，往往忽略了自己的努力与进步，反而只看到了自己的不足。**久而久之，孩子的自我价值感被削弱，他们会不断怀疑自己，认为自己不够好、不够优秀，甚至有些孩子会因为无法达到父母或社会的标准而产生深深的自卑感，觉得自己永远无法满足别人的期待。长此以往，孩子的自信心会遭遇重创，甚至影响到他们未来的决策和人生态度。

如果父母总是将爱的条件与外在标准紧密挂钩，最终只会把孩子推向功利主义的世界。他们会在不断追求外界认同的过程中，迷失自我，无法享受成长的过程，失去了应有的内在平衡和自我接纳。更糟糕的是，他们对自己、他人乃至整个社会的态度，也会变得越来越功利，无法建立真正健康的人际关系和情感联系。

### 修正爱的方式，全面接纳孩子

作为父母，我们应当时刻警惕，并努力修正自身的思想观念与教育方式，避免在无意中给爱附加条件。真正的爱，并非因为孩子成绩优秀，或行为符合我们的期待而给予，而是因为孩子是一个独立的个体，拥有独特的价值与尊严。无论他的表现如何，都全面接纳他们，应始终如一地给予他们无私的关爱与支持。

**无条件的爱是父母的一种内在觉悟，是对孩子的深切理解与包容，是不依赖于任何外界标准的纯粹情感。** 当孩子感受到这种无条件的爱时，他们才能获得真正的安全感与自信，敢于在生活中尝试、探索和成长，而不是一味追求外界的认同与评价。

父母必须修正过去那种将爱的给予与条件挂钩的观念，转变为更加开放和包容的教育方式。要学会从孩子的角度去理解他们的情感需求，而非仅仅看重外在的成绩和表现。只有无条件的爱，才能帮助孩子建立真正健康的自我认同，培养自主、积极的心态，使他们在未来的生活中，既能够勇敢面对挑战，也能够坚持自己的价值观，在自由成长中学会感恩，懂得包容，成长为一个善良且有爱心的人。

# 04.

## 蹲下身来与孩子平等对话

什么是真正的爱孩子？许多父母以为，爱就是倾尽所能为孩子提供最好的条件，创造自己所能给予的一切。然而，在这份充满善意的努力中，父母往往忽视了最为关键的一点——平等。真正的爱孩子，不仅仅是给予物质上的满足或为他们规划未来，而是放下姿态，走进孩子的内心世界。

### ◢ 孩子的世界与成人不一样

一位妈妈为了增长孩子的见识，就带着孩子出席了一个高端的商务活动。然而，刚进入活动现场没多久，孩子就无端地哭闹起来，这让她既尴尬又恼怒。直到她蹲下身子为孩子系不知何时松开的鞋带时，她才恍然大悟——原来，孩子的眼睛里根本没有游戏与美食，映入眼帘的只有成人的臀部。

我们总是站在成人的立场，以自己的经验和逻辑判断孩子的想法，用成年人的思维判断孩子的问题，这种衡量方式往往会导致对孩子的不理解，甚至是误解。我们总是试图纠正孩子的"错误"，却不曾倾听他们的心声；我们希望他们成为更好的自己，却不曾关注他们内心真正的需求和感受。如果我们能够**改变自己，放下成见和权威，为孩子蹲下自己的身子，就会发现这其中的奥秘：孩子与大人有着完全不同的视角和情**

**感体验。**

成人的思维以理性和逻辑为主，关注规则、效率和结果；孩子的思维充满了感性、直觉，对周围事物感受敏锐。孩子看重体验过程，注重情感和当下的满足感。

孩子可能会把一张普通的纸折成自己想象中的"飞机"，沉浸在它飞翔的轨迹中，这种创造力和想象力在成人看来，往往会被解读成"不务正业"。

父母希望孩子专注学习，孩子却因为窗外的飞鸟而分神。他们的注意力并非不集中，而是对感兴趣的事物高度敏感。

成人和孩子的世界存在天然的差异，但这并不意味着我们无法走进彼此的世界。与其用高高在上的姿态对孩子指手画脚，不如蹲下来，与他们平视，看看他们的世界，走进他们的情感和思维里。只有从孩子的视角去看世界，才能真正理解孩子，避免将成人的标准套用到孩子的身上，从根本上调整对待孩子的态度和方式。

## 行为背后是情绪的信号

孩子的每一种行为，表面上可能看似无厘头，实际上却往往是情绪的外在表达。

比如：孩子在吃饭时不小心打翻了碗，父母若不假思索地训斥"怎么这么不小心"，可能会让孩子感到羞愧或恐惧。父母若冷静下来观察，或许会发现孩子的动作僵硬，眼神中有些慌乱。他们可能在担心其他事情，摔碗是注意力不集中所致。当父母愿意去接纳孩子的"错误"，并用温柔的方式帮助他们寻找原因，孩子才能在信任和理解中逐渐成长。

有时候，孩子的大声哭闹、看似无理的顶撞，背后也可能隐藏着委屈和不安，甚至是对父母的依赖和期待：也许他们在学校经历了一次挫折，感到沮丧；也许他们对某个题目毫无头绪，逐渐失去了自信……如果父母能放下情绪，蹲下来认真倾听孩子的想法，就会发现，很多看似"问题"的行为，其实只是孩子表达内心需求的一种方式。

去年夏天的一个夜晚，我去拜访一位朋友，目睹了这样一幕情景：

朋友的女儿在玩滑板车时，不小心撞到了邻家男孩的脚，男孩痛得大哭。邻居迅速将孩子抱起安抚。朋友立刻上前了解情况，这才发现是自己女儿不慎造成的意外。当时，女儿已经跑开，朋友在确保受伤的孩子得到照顾后，便立即去寻找女儿。

到家之后，朋友让女儿打电话给邻居的孩子道歉，女儿死活不肯，这让朋友很生气。于是，他就自己给邻居打电话道歉，又询问了一下孩子的情况，并表示如果需要去医院的话，就陪他们一起去。邻居说，孩子已经不哭了，没什么事。朋友这才放心，之后把电话给女儿让女儿道歉。女儿只说了一声"对不起"便哇哇大哭起来，且越哭越厉害，根本没有停止的迹象。

这让朋友莫名其妙：不小心碰到了别人，道歉是基本的礼貌，这有什么不对吗？为何她会如此伤心呢？难道她有别的事情？可是，怎么问女儿也不说，只是不停地哭。我告诉朋友，要听听孩子的想法，这是对孩子的一种尊重。

朋友走到女儿面前，蹲下来把她抱到怀里，她却哭得更厉害了。朋友轻轻地抚摸着孩子的后背，在他的安抚下，女儿渐渐停止了哭泣，无比依赖地依偎在他的怀里。

"宝贝，你怎么了？不就让你道个歉吗？你为什么会这么难过？"

女儿看着她的父亲，委屈的泪水再一次止不住地掉了下来。她哽咽着对他说："你就总是关心别的孩子，不关心我！呜呜呜……"

他告诉女儿，对别人造成了伤害要道歉，这是起码的尊重和礼貌。女儿说："我当然要道歉，但看他哭得那么厉害，我吓坏了，不知道该怎么办才好，就跑了。我明天一定向他道歉！"第二天，朋友女儿主动向受伤的孩子道了歉，两个孩子又开心地玩到一起了。

孩子的行为都是有原因的，父母应该认识到孩子某些行为发生或情感发作都是正常现象。在看到孩子某些令你不快的行为时，请不要急着去责备他，甚至羞辱他，请你先蹲下身来，去倾听一下孩子真实的想法。当我们了解到孩子行为背后的原因，体会到孩子内心的纯净与善良，自然就会理解并接受他的情感。与此同时，孩子也会在感受到我们信任的同时，积极接受我们的建议，增强自己的自尊和自信。

## 蹲下来与孩子平等交流

很多父母在教育孩子时总是习惯居高临下地对孩子说"你怎么能这样""知道错了吗"……**这种质问的语气只会徒增孩子的逆反心理**，使孩子不愿意向父母说心里话，甚至会形成亲子关系中的隔阂，使孩子成为自己最亲近的陌生人。

还有不少家长反映说："我在与孩子交流时，也常常会蹲下，可是收效甚微啊！"这是怎么回事？当我们带着这个问题问他的孩子时，孩子却说："妈妈蹲下的目的是让我看着她的眼睛，她怕我没在听她的指责。"

为孩子蹲下的前提是尊重，如果抱着谴责孩子的目的，就完全违背了蹲下的初衷。再小的孩子也有被理解、被尊重的内在心理需要，他们渴望被大人们平等对待。**蹲下来，不仅仅是父母与孩子交往姿态的改变，更意味着父母与孩子平等地位的确立。**

**爱孩子就要关注细节，就要深入到孩子的内心**。当父母能够蹲下身子去和孩子交流时，在眼神与眼神的对接中，孩子就会感受到父母渴望与他交流的想法，会与父母成为在人格上、感情上平等的朋友，会很愿意把自己内心世界的真实想法分享给父母。

对于父母而言，当你蹲下来的时候，你会发现自己比站着时更加温和与平静，更愿意去倾听孩子内心的想法。当父母不再急躁严厉，而是耐心听完孩子的述说时，往往会恍然大悟："哦，原来是这样啊，你是这么想的啊！"在平等与温和的交流中，父母与孩子之间的关系会更加融洽与和睦，相互之间会更加宽容与体谅，父母会更加欣赏自己的孩子，孩子也会更加信任、爱戴自己的父母，亲子关系自然会越来越好。

教育孩子的过程中，父母与孩子不是"指挥者与被指挥者"的关系，父母应该是陪伴者、支持者，而不是命令者与控制者。如果只关注"管好孩子"的外在目标，却忽视孩子的内心世界，往往会让问题停留在表面。教育是父母与孩子共同成长的过程，愿你今后的每一次蹲下，不再是为孩子整衣系带，而是站在孩子同等的高度，与孩子一起去看世界。

## 05.

### 提升心灵能量，胜于追逐成绩

罗伊·马丁纳博士在《改变，从心开始：学会情绪平衡的方法》的前言中说的第一句话就是："连接身体与心灵的自然愈合能力，最强而有力的途径就是情绪。"

情绪的力量不容小觑，它是我们内心深处最直接的表达，也是我们与外界互动的重要桥梁。当我们能够理解和接纳孩子的情绪，就等于为他们打开了一扇通往自我认知和成长的大门。在这个过程中，孩子不仅学会了如何管理自己的情绪，还能在父母的引导下，逐渐培养出积极的心态和坚韧的品格。这种内在的心灵能量会伴随孩子的一生，成为他们面对各种挑战的坚实后盾。

#### ◢ 重视心灵能量的培养

在孩子的成长过程中，心灵能量的培养至关重要，它不仅影响着孩子的心理健康，还直接关系到他们的学习动力和生活态度。一个内心充满能量的孩子，即使面对挫折和困难，也能保持积极向上的心态，勇敢地迎接挑战。

反之，忽视了心灵能量的培养，即使孩子在学业上取得优异的成绩，也可能因为内心的空虚和迷茫，而无法真正感受到生活的快乐和意义。作为家长和教育者，我们应当更加关注孩子的内心世界，给予他们充分的理解和支持，帮他们建立起强大的心灵根基。

当孩子说谎或打人时，不假思索地将这些表现与孩子的品性联系在一起，往往会让孩子感到被误解和孤立，进而加剧行为问题。我们要带着爱去对待孩子，深入了解孩子行为背后的原因，也许会发现他们可能是出于恐惧、焦虑或寻求关注的心理需求。通过耐心地沟通和引导，帮助孩子认识到错误，教会他们用更健康、更有效的方式应对。这样不仅能够纠正孩子的行为，还能增强他们的自我认知和情感调节能力，提升心灵能量。

### 不要代替孩子成长

孩子的成长需要父母的扶持与帮助，这种帮助是为了让孩子今后能独立面对生活，拥有独自生活的能力。如果父母过度干涉或过于娇惯孩子，无异于剥夺了孩子成长的机会，会让孩子在内心深处认为自己是一个"什么也做不了的人"。

一位母亲因儿子的状况而忧心忡忡，她决定向家庭教育指导老师寻求帮助。

老师问："当孩子第一次尝试系鞋带却打了个死结时，你是否就决定不再给他买需要系鞋带的鞋子？"母亲默默点头。

老师继续问："当孩子第一次尝试洗碗，结果水花四溅，弄湿了自己，你是否就禁止他再靠近洗碗池？"母亲再次点头。

老师接着说："当孩子第一次尝试整理床铺，虽然花了很长时间，床铺也整理得不够整齐，你是否不耐烦地将他推开，亲自为他重新整理？"

这位母亲惊讶地望向老师，重重地点了点头。

老师回应说："你为孩子承担了一切，孩子也就失去了学习做这些事情的机会。"

还记得你是怎么教孩子走路的吗？最开始，孩子需要我们在旁边辅助，但这并不意味着我们自始至终都要在旁边搀扶。当孩子能够自己站立并迈开步子的时候，哪怕站得不稳，哪怕只是迈了一小步，我们都要适时地放手。放手是对孩子自我能力的肯定，也是对他们自主成长空间的珍视。每一个微小的尝试都是他们认识世界、积累自信的机会。

别害怕孩子会遭遇挫折，挫折是成长的必经之路，它能教会孩子如何面对困难、如何自我调整和解决问题。我们要鼓励孩子勇敢面对挑战，而不是一味地规避风险。唯有亲身经历，孩子们方能深刻领悟责任与担当的真谛，培养出坚韧的心理素质。

### 能量的提升源于喜悦

每一位家长都希望自己的孩子能够幸福，但他人眼中的优秀与成功并不一定意味着幸福。过多关注孩子的未来，会让孩子被焦虑包围。父母应该意识到，对孩子的成长而言，内心的健康快乐才是最重要的。

2011年7月2日上午，中考结束后的第13天，在南京市第一中学初中部的电化教室里，特级教师黄侃利用自己女儿远远自杀的悲痛经历，为广大学生和家长上了一堂深刻的生命教育课。

2009年2月8日，一个在众人眼中表现出色、兴趣多元、性格乐观、处事沉着、自立能力极强的女孩——远远，在留下三封分别致其父亲、母亲以及亲朋好友的遗书后，不幸在荷兰阿姆斯特丹大学的宿舍内自尽。

面对女儿在青春年华的突然离世，黄侃悲痛欲绝。她难以接受，那个平日里看起来充满活力、乐观开朗、无需她过多担忧的女儿，竟然已经默默忍受强迫症的折磨长达八年之久。在极度的痛苦中，作为学校优等生的女儿最终选择了自杀。

在了解了所有情况之后，黄侃才回想起来，自从女儿进入初中之后，就变得异常沉默和内向。她本以为女儿只是变得更加文静了，却没想到女儿正遭受着强迫症的困扰。每当回忆起那个事事追求完美、力争上游的女儿，在异国他乡度过了她生命中最后的时光，黄侃的眼泪便如断线的珍珠般不停地流淌。

把女儿的骨灰带回国之后，黄侃不敢回家，她怕看到女儿的房间，怕接触到跟女儿有关的一切……但是，黄侃最终还是坚强地从悲痛中走了出来。在努力工作的同时，为了满足女儿的遗愿，她拿出十万元设立了"健心奖"，奖励那些从事心理工作的老师。她说："不能改变的事情我必须接受，我只能改变自己能改变的。"

作为一名教师，黄侃开始反思自己对女儿的教育。由于工作繁忙，女儿从幼儿园开始就被送去了寄宿学校。"如今来看，当时对她太残忍了。那么小的年纪，正是在父母身边撒娇淘气的时候，却一个人孤单地住在学校。"黄侃很是后悔地说，"另外，我对女儿的关心过于物质化，在精神上交流得太少。我对她的精神世界缺少了解，这也是中国大多数父母的问题所在。"虽然远远也曾和黄侃交流过感情上的问题，"但我是个粗线条的人，有时候大大咧咧，对这种事不太敏感"。并且，远远在学习上也承受着一定的压力，"她学习成绩一直不错，我没有对她有太高的要求，但是一旦考试没考好，我也会旁敲侧击地鞭策一下她"。仔细想想，其实远远心理上的问题早已隐约出现了："只要碰上大考，她就考不了好成绩，这就是心理压力过大造成的。"

黄侃期望通过分享自己的亲身经历，向家长传达正确的教育理念，并提醒学生们珍视生命。她对家长们说："请学会欣赏子女，看到他们的独特之处，给孩子充分的信任和鼓励，尽可能地陪伴孩子成长的每一步。"她对学生们说："希望你们能够学会面对生命中的痛苦、挫折、不幸，无论遇到什么事情，都要珍惜生命。生命只有一次，只要活着，就有希望。"

黄侃还说，如果远远还健在，她一定会让远远按自己的兴趣去生活，绝不会给她施加任何压力。"只要她能自食其力，做一个对社会没有危害的人，我就满足了。只可惜，生命不能从头再来。"

作为精神障碍性疾病的一种，近年来，强迫症在青少年中发病率较高，如不及时治疗，会导致孩子因精神抑郁而自杀。这也提醒我们每一位家长：一定要更多地关注孩子的心理状态，而不是只顾自己忙碌，一心只为创造更好的物质条件。对孩子的成长来说，**心理抚养胜于物质抚养，更胜于一切成绩。**

孩子们天生就拥有强烈的学习欲望和能力，只要我们允许他们自由地选择和做决定，他们就会很乐意去学习自己感兴趣的事物。人的能量提升源于喜悦，负面的情绪会消耗精力。当一个人做一件事能够感受到喜悦时，他就会做得特别好，也愿意去做。相反，如果一件事情会带来负面情绪，就会降低做这件事的效率并影响最终的成果。

作为父母，我们不仅要关注孩子的未来成就，更要关注孩子当下的幸福。**未来是由每一个现在串联起来的，关注孩子当下的心灵状态和情绪感受，就是在关注孩子的未来。**当我们耐心倾听孩子的声音，理解他们的困惑和需求，给予他们无条件的关爱和支持时，孩子会更有信心和勇气应对生活中的挑战。正向的情感支持最终会形成强大的内心力量，支撑孩子走向更加美好的未来。

# 06.
## 给予孩子内在的价值感

在抚育子女的过程中,父母往往将注意力集中在孩子的外在成就上——优异的成绩、璀璨的奖杯、卓越的表现,似乎这些是孩子人生成功的基石。事实上,真正坚实的生命支点,并不是这些容易被时间冲淡的外在荣誉,而是深植于心的内在价值感。

内在价值感是一种对自我存在意义的深刻认同,是孩子在面对挫折时的力量源泉,也是他们在人生道路上不断追求幸福的精神基石。父母给予孩子的最宝贵礼物,正是帮助他们建立这样的内在力量。

### 父母如何对待孩子,决定孩子如何看待自己

妈妈带着刚满三岁的女儿外出逛街时,遇到一家雪糕店。女儿兴奋地拉着妈妈的手说:"妈妈,我想吃雪糕。"妈妈笑着为女儿买了一支雪糕,女儿满心欢喜,边走边享受着这份甜蜜。

当她们路过一家玩具店时,女儿的目光立刻被一个可爱的娃娃吸引。她对妈妈说:"妈妈,我想要那个小娃娃。"妈妈觉得娃娃太贵,便说:"宝贝,那个娃娃太贵了,妈妈今天没带够钱,我们下次再买,好吗?"虽然女儿有些不乐意,但还是同意了,跟着妈妈继续前行。

过了一会儿,妈妈和女儿走进了一家时装店。妈妈一眼就看中了一件精致的衣服。尽管衣服价格不菲,妈妈还是毫不犹豫地买下了。

故事看似结束了，可妈妈的行为对女儿的影响却远远没有结束。

通常来说，孩子在六七岁前的逻辑分析能力尚未发育成熟，所以，他们不会做出"妈妈在撒谎"的结论。我们知道，孩子生来就是爱父母的，因而会对父母所说的话全部接收并且认为是对的。可是，如果父母的话和行为前后不一致，就会让他们内心产生矛盾。

这种矛盾会在生命系统层面出现——因为孩子认定父母说的和做的都是对的，他们会怀疑或认为是自己出了问题。在上述的情景中，妈妈不给女儿买玩具却给自己买了衣服，女儿在生命系统中会认为："我不值得拥有想要的，我是没有价值的。"当然，这可能是生命系统中的结论，孩子是不会说出来的。

许多父母由于工作忙碌，不得不将孩子托付给祖辈照看。然而，这种做法可能会让孩子感到被遗弃。他们可能会错误地认为，是因为自己不够好，父母才会选择"不要"他们。

每个孩子都有权利得到自己亲生父母的关爱和抚养。抚养孩子是父母义不容辞的义务。如果孩子在他人的抚养下成长起来，往往会缺少与父母之间的情感链接，产生一种心理上的距离感。

### ▍自我价值感低带来的"不配得"困境

自我价值感是一种深刻的心理认知，它让我们理解自己在这个世界上有意义、值得被爱、能够为他人和社会做出贡献。如果孩子从小没有得到足够的正向反馈，或者在成长过程中经历过度批评和忽视，就会在生命系统中种下"不配得"的种子，影响他们成年后的情感与行为。

刘女士的经历令人感慨：她在外表和能力上都很出众，婚姻却很不幸。丈夫酗酒，且醉酒后还会对刘女士施以暴力，这让她倍感痛苦。朋友们劝她离婚，摆脱这种地狱般的生活，她却叹息着说："有什么办法呢？或许这就是我的命。以前读书时交往的男朋友就打过我，现在嫁的人也是这样……人不能跟命争！"

其实，刘女士的"命运"是她的思想塑造的，是她的生命系统中埋藏着"我不配拥有幸福婚姻"的种子。这颗"种子"不清除，她就会持续地"遇人不淑"。

在"为人父母"课程中，还有一位学员分享了早年的经历对她产生的深远影响。

她的母亲是裁缝，早年用缝纫机给别人做服装。学校组织买校服时，母亲觉得买校服花钱有点多，就照着学校校服的样子给她做了一套，但是颜色与校服差异较大。

当学校组织出去玩或表演时，同学们看到她跟别人穿得不一样就会嘲笑她。表演节目的时候，本来她被安排在第一排，结果老师一看她的衣服，就没让她参加表演。为这次表演她准备了很久，结果却不能参加，只能含着泪看同学们表演。回到家后，她拿起剪刀把衣服剪得稀巴烂，并做了一个决定：从今以后不再穿裙子，不穿美的东西。

她走进课堂时已经38岁了，一直不敢结婚，因为感觉自己"不配得"。后来，她的母亲也来到了课堂，讲起这件事时说："当时我的确是想省钱，钱是省了一点点，却没想到把孩子这么多年的婚姻给'省'掉了。"

这样的情况不只出现在感情领域中，职场上也有类似的情形，比如：大家都觉得某人在一些方面表现得很优秀，可当众人推举他当众展示时，他却表现出强烈的抗拒，一副不敢担当的样子，甚至会在成功（如加薪或升职）唾手可得时选择放弃。

"不配得感"是一个长期潜伏在内心深处的障碍，无时不在破坏着人的自我价值，无时不在影响着人的成长和提升。当内心被"不配得感"

支配时，就会凡事都在意别人的看法，不敢完全表达出自己的感受；当别人的意见和自己不一样的时候，无法很直接地拒绝别人……这样的观念在限制你的行为的同时，也决定了人生的结果。

### ▌避免给孩子植入"我没有价值"的种子

孩子的内心世界就像一片柔软而广阔的土地，父母的每一句话、每一个动作都是播撒在这片土地上的种子。孩子无法用成熟的逻辑去解析父母的态度，他们更倾向于将父母的话语直接内化为对自我的认知：温暖的鼓励和真诚的认可，最终会结出自信与坚韧的果实；而冷漠的忽视和苛责的言语，最终会长出"我不值得被爱""我没有价值"的毒草。也许，你不经意地说了一句"你怎么这么笨"，却会在孩子心里扎下根，渐渐演变成他们对自身能力和价值的怀疑。

作为父母，我们在跟孩子相处时，不仅要注意言辞，更要用温暖的态度和智慧的方式，在潜移默化中让孩子感受到：无论成败，他都值得被爱和尊重。

孩子会从父母的关注中感受到自己的重要性。如果你总是在他们说话时心不在焉，或者总是忙于其他事情，孩子会觉得自己不值得被倾听、不值得被关心。所以，即便再忙，也要每天抽出一点时间，专心地陪孩子做一件事，哪怕只是听他们聊聊学校里的趣事。这种专注的陪伴，胜过任何形式的说教。

当孩子为了一些"小事"情绪激动时，比如：因为玩具掉在地上大哭，或因一道题目做错而生气，父母千万不要下意识地说："就这么点小事，别哭了！"这是在否定孩子的情绪，这种忽视会让孩子觉得自己的感受不重要。我们要接纳孩子的情绪，帮助他们学会正确面对自己的内心，而不是压抑自己。

父母的一句鼓励、一份尊重，都可能成为孩子一生前行的动力；而一句不经意的否定，也可能让他们陷入自我怀疑。**父母给予孩子最珍贵的礼物，就是帮助孩子树立"我值得被爱、我有价值"的信念。** 只有当孩子内心对自己充满肯定时，他们才能在未来的道路上无惧风雨，成为真正自信、幸福的人。

# 07.

## 站在孩子身边，而不是对立面

当孩子出现一些不良行为时，不少父母的第一反应往往是责备、训斥，甚至与孩子对立。然而，孩子的问题并非突如其来，背后往往隐藏着情绪的波动、不安的信号或成长中的困惑，还有很大一部分源于父母的养育方式。

如果父母选择与孩子对立，不仅无法真正解决问题，还可能伤害孩子的尊严，让他们失去对父母的信任。当父母站在孩子身边，成为他们的支持者时，孩子会感到安全和有依靠，也更愿意敞开心扉面对问题。

### ✎ 听懂孩子内心的呼救信号

就读于某中学的一名高二女生，陷入了意外怀孕的困境，她不知道该怎么办。

借助和爸爸共进晚餐的时刻，她试图以一种委婉的方式告诉爸爸自己的状况："爸，我们班有个同学怀孕了……"然而，她的话还没说完，父亲便愤怒地拍桌而起："什么？这么小就怀孕了？还上着学呢！……"

看到爸爸发怒的样子，女孩心里充满紧张，可毕竟事情已经发生在自己身上，她必须得想办法解决。于是，她鼓起勇气问父亲："要是我怀孕了，该怎么办？"父亲的回答冷酷无情："要是你，你就去死吧！我这辈子都不认你这个女儿！"父亲的话语给了她严重的打击，就在爸爸继续喝酒时,她绝望地从7楼一跃而下。

每个孩子都希望能从父母那里找到依靠,尤其在他们深陷困境、无法独自面对的时候。然而,孩子伸出的求助之手,很多时候却因为父母的情绪化反应或道德审判被无情地推开了。其实,这位高中女孩已经迈出了最艰难的一步:她试图向父亲倾诉。遗憾的是,迎接她的是愤怒的拍桌声和冷酷的怒吼,这种回应让她的信任和勇气被彻底击碎,也让她失去了对生活的希望。

父母要明白,当孩子愿意开口时,他们内心往往已经产生了巨大的波动,付出了极大的勇气。他们可能会用试探性的语言去评估父母的态度,比如:"我们班有个同学……"或"假如是我呢……"这些话表面上是在讲"别人",其实是孩子内心最脆弱的呼救信号。如果父母的回应是指责和否定,孩子很可能会彻底退缩,甚至走向极端。

所以,当孩子试图向你倾诉时,无论听到多么令人震惊的内容,都请先平静地回应:"你为什么会这么想?是遇到了什么问题吗?"用温柔的语气告诉孩子:"不管发生了什么,爸爸妈妈都会和你一起面对。"这种态度能够给孩子足够的安全感,让他们愿意进一步敞开心扉,这也是父母送给孩子最珍贵的支持。

### 和孩子站在一边,不要和问题站在一边

童话大王郑渊洁在《智齿》中讲到一个故事:

女孩梁新遭到了同学的栽赃陷害,冤枉她偷了钱包。当老师把她叫到办公室时,她第一时间说:"我要给我的父母打电话。"听到这句话,老师瞬间愣住了:学生平日里不是最怕老师找家长吗?为什么她还要主动找父母呢?

其实，正是因为梁新对父母的信任，才让她在受到冤枉后敢于第一时间求助父母。因为她知道，就算全世界都不相信自己，父母也会相信自己。

孩子通过父母来到这个世界，越是年幼，对父母的依赖和信任越深。他们在成长的过程中，总会遇到一些困惑，或是犯下一些错误。在面对孩子的这些问题，特别是"偷窃""意外怀孕"等敏感问题时，很多父母会立刻陷入焦虑和羞愧的情绪中，试图用责备和威胁让问题"消失"。殊不知，这样的方式只会让孩子更加孤立无助。

面对这样的处境，父母可以试着换位思考：假如是自己年轻时遭遇了这样的困境，又会需要怎样的支持？孩子犯了错，父母的批评教育固然重要，但更重要的是，让他们能够从错误中学到什么，能通过父母的帮助变得更坚强、更智慧。与此同时，还要反思和关注孩子为什么会走到这一步，以及如何与孩子携手渡过难关。

在成长的道路上，孩子遇到问题、犯错、感到迷茫，甚至让父母失望都是在所难免的。可也正是这些时刻，考验着父母与孩子之间的情感关系，以及为人父母的智慧。真正的挑战不只是问题本身，还有父母如何应对和处理这些问题，你的反应和态度是孩子应对世界的一个重要模板。请记住：当孩子出了问题时，永远要和孩子站在一边去解决问题，而不是和问题站在一边去伤害孩子。**在成长的路上，你的陪伴和支持，是孩子这一生最坚实的后盾。**

【个案解读】

父母的改变，让叛逆儿子重拾人生

一对退休的公务员夫妇，因为儿子的行为问题苦恼多年。他们的儿子从小就很叛逆，学习成绩不好，经常惹是生非。他们尝试过用各种方法改变孩子，却始终没能如愿。如今，已过而立之年的儿子，又陷入了赌博的泥潭。

儿子在网上赌博，债台高筑，把他们的房产抵押借款，还欠下了数百万元的债务。债主上门要债，逼得这对老夫妻不得不卖房，在外面租房住。即便如此，儿子依然没有悔改，还在继续赌博，家里的状况也越来越糟。这对老夫妻心力交瘁，却无法与儿子建立有效的沟通，二者的关系几乎破裂。每逢节假日，父亲都是夹点菜直接去阳台吃，避免和儿子在饭桌上"见面"。看上去这是在跟儿子"决裂"，可实际上，他们从未真的放弃儿子。为了挽救孩子，他们一起走进了"生命智慧"的课堂。

通过课程学习和个案处理，这对父母逐渐意识到，孩子的叛逆是有原因的，且根源就是他们长期以来的严厉教育：孩子从小在家中经历了无数次的体罚，每当犯错，就会遭到严厉的惩罚，直到他承认错误。这种管教方式，让儿子对父母产生了深深的反感和对抗情绪，导致了后来的叛逆行为。

我能够理解这对父母的初衷，他们原本是想借助严厉的教育把孩子培养得更好，却没有意识到这种方式带给孩子的情感创伤：如果一个孩子从小就生活在恐惧与压抑中，内心的痛苦没有得到表达和疏解，这种情绪的积压最终就会爆发为对父母的反叛。

经过一段时间的情绪疗愈，这对父母开始认识到自己的问题。尤其是父亲，当儿子在病床前照顾他的时候，父亲在儿子面前流泪道歉。儿子感受到了父亲的真诚和悔意，这是过往从未有过的。那一刻，父子彻底冰释前嫌，儿子的态度也发生了剧变。

后来，儿子不再沉迷于赌博，开始逐渐回归家庭。父母与儿子之间的沟通逐渐恢复，父母不仅重新找回了对孩子的信任，儿子也开始为父母做些力所能及的事，家庭关系逐渐回暖。

夫妻俩在课堂上分享了这一变化，他们深刻体会到，父母的改变能直接影响孩子的生活轨迹。

当孩子的问题显现出来时，很多父母会首先把焦点放在孩子身上，试图解决孩子的"叛逆"或"问题行为"。事实上，这些问题的根源不是孩子，它们是父母内在未解决的情感创伤、成长的盲区和教育方式的反射。

育儿即育己，父母当修行。在面对孩子的问题时，父母不妨把视角转向自己，去审视自己曾经的盲区和情感负担。孩子的问题，是父母自我觉醒的契机。当父母真正走出自己的局限，孩子的世界也会变得更加宽广、充满希望。这个案例也让我们清楚地看到，父母对孩子的影响不仅仅局限于18岁以前，只要父母愿意改变，孩子在任何时候都可以成为受益者。

# CHILDREN
## Parent's Greatest Journey

后记 > "为人父母"课后感悟

许多亲子教育课程都是关注应对孩子问题的方式方法,"为人父母""生命智慧"课程则是把关注点放在了父母的身上。它教会父母从自身出发,看自身的问题,从找到自己童年时候的缺失,到照见现在与孩子之间的关系。"为人父母"课堂与其说是一堂亲子课,不如说是父母的治愈之旅。

## 后记 "为人父母"课后感悟

### ▶ 感悟1：育儿之路没有捷径，只有成长与修行

**✎ 武绮玲：不要以为生了孩子就是母亲**

怀着对孩子无尽的担忧，我走进了"为人父母"的课堂。

当时，面对孩子的叛逆、沉迷网游、前途暗淡，我充满无力感。我无法靠自己的力量走出困境，只能求助于外力，希望可以找到解决的办法。就这样，我走过了"生命智慧"课程，再来到"为人父母"课程。前面的课程让我解开了心灵的束缚，懂得了人生的幸福与不幸都是我们自己所创造，我们的命运是认知系统与生命系统共同作用的结果。当我通过情志疗法走出我早年经历的情绪记忆后，我和孩子有了很大的改变，而这次"为人父母"课程，我发现自己仍然有许多没有觉察到和需要改进的地方。

包老师说："不要以为生了孩子就是母亲。"生孩子容易，养孩子也简单，但教育好孩子，却不是每一个父母都能做得到的。世上的文凭五花八门，就是没有为人父母这个专业！大家都是懵懵懂懂地当了父母，然后摸着石头过河，全靠自己摸索或者是沿着祖祖辈辈传承下来的老方法来教育孩子。有多少孩子一直在无知无畏的父母所创造的环境里苦苦挣扎，却无从反抗？有多少孩子带着创伤成长，伤痛不断重现？有多少孩子的天性被压制，变得呆滞愚弱？有多少孩子走上歧途，甚至付出生命的代价？而这些孩子所遭受的一切，都是在父母"爱"的名义下发生的！不懂真正地爱孩子，何以为父母！

回顾自己十多年来对孩子的教育，我既惭愧又庆幸。惭愧的是，由

于我在序位方面没有做好，导致了一系列的问题；庆幸的是这次在课堂上懂得了上行下效，始之为善。自孩子出生，我将自己所有的精力都放在孩子身上，忽略了丈夫的感受。因此，夫妻间多了争执、吵闹，甚至长时间的冷暴力——不对话。我们只顾自己情绪的宣泄，而忽略了孩子的感受，不知道在毫无温暖的家庭氛围中，孩子内心受到怎样的伤害。他们变得恐惧、不安、不自信，表现出来就是：自小就喜欢躲在狭小的空间里；冬天睡觉喜欢四周被枕头棉被包围着；睡前喜欢吮手指，十几岁也戒不掉，导致手指、口腔和牙齿发育不良，必须矫形；身形肥胖不舒展，显得很不自信；做事拖拉，朋友不多，喜欢宅在家里玩网游。

完成"生命智慧"一阶课程后，我跟孩子做了深度链接，我才知道，我们夫妻的冷战以及对孩子的一些推诿，让他深受伤害。谈起当时的感受，孩子说："我心里只有一个念头，那就是家没了！"每每想起孩子这句话，我就揪心地痛，不由得深深地向孩子忏悔！当丈夫病倒后，我将精力重新放在他身上，家庭气氛反而好了。孩子说："我不知道这样说对不对，我觉得爸爸病了以后，家反而像家了！"那是因为序位重新调整的缘故吧。

我很幸运，能走进这个课堂，让我有所觉察，有所改变。现在很多事情我们母子俩可以一起探讨，他看问题有时比我还到位。我不断在他身上贴上正向的、积极的标签，我相信，假以时日，我的孩子会成长得更棒！对于孩子，我不再有担忧和焦虑，只有满心的祝福！

### 钟惠妮：真正的教育是为人父母

从来没有一个时代，如此强调为人父母的责任与担当。孩子在用自己的生命疗愈父母，让我们重新看到什么是真正的教育，那就是为人父母。通过案例，透过规律，我们可以看到孩子未来的人生结果。父母的改变，可以让孩子发生好的转变。孩子需要的爱，其实非常单纯、简单，

# 后记 "为人父母"课后感悟

而父母给予的这份用心的爱,才是孩子生命的源动力。当我们看懂了家庭发展的规律,就会清晰未来的方向,赋予孩子能量,也可以成就一个家族。

### 伍桂妹:"为人父母"课堂,让我明白了教育之道的根本

父母需要提升自己的认知。世界每天都在变化,父母只有提升认知格局,才能更好地引导孩子,为孩子规划好人生。

父母要创造美好的家庭氛围。创造美好家庭,把孩子放在第一位,及时解决孩子遇到的问题,让孩子回到家就感到温暖、安全,享受全家幸福的快乐。

父母要成为孩子的好榜样。父母带给孩子的不仅仅是物质,更应该是精神力量的支持。孝敬长辈,修好家族关系,把这份美好善良传承给孩子,让孩子有能力去创造价值。

父母厚积福德,让孩子的眼中有光、内心骄傲和富足。对于未来,我充满感恩和信心。

### 朱广容:学习为人父母,也为自己的事业找到了力量

"为人父母"课程,不仅让我在培育孩子方面得到了启发和帮助,也让我对教育这个行业有了更清晰的方向和目标。做教培的我们,应该为国家、为社会培育一批怎样的新生力量,在"为人父母"的课堂上找到了答案,也让我有了一份新的力量。

包丰源老师的课程,每一次都在把我们带到高处,教会我们计划自己的人生,规划自己的未来!每一个优秀孩子的背后,必有一对拥有优秀品格的父母。打造良好的家风,要从自己做起,修好夫妻关系,给孩子一个更和谐友爱的家。

感恩一切的经历,让我有机会成为更好的自己。

## ▶ 感悟2：孩子的困境，往往是父母未解的心结

### ✎ 李瑞萍：回看自己的缺失并学会修补

通过学习"生命智慧"课程，我懂得了回看自己，遇到不满意的事，我不再去责怪对方，而是去回看自己的不足。特别是对孩子不满意时，我不再去责怪孩子，而是从这个不满意出发去回看自己的曾经，从而去修正自己。随着自己的觉悟和修正，我看到孩子真的是如我所愿。那一刻，我真的非常感恩，非常感动，感恩包老师的智慧引领，感恩孩子对父母的提醒。

"孩子是父母的复印件"，我刚开始想不通这句话，看着孩子眼前的状况，我不明白：这怎么能是父母的问题呢？当我再从每一个当下的不满意回看更早发生在自己身上的事件，去释放和纠正自己的思想和行为时，终于明白，这就是包老师说的"要透过现象看本质，要正心正念，敬天爱人"！

包丰源老师说到"父母经常给孩子的爱是物质大于精神"，这也是今天让我共振的点。自己只是一味给予孩子物质上的满足，却没有做到精神上的陪伴和支持。幸运的是，我走进了"生命智慧"课程，让自己有机会改变，也让孩子有机会成长得更好。

### ✎ 王赫：一个人要常常回看过往，时时自省

包丰源老师常常说："父母是原件，孩子是复印件。"在生活中，父母的所言所行、所思所想，无不从各个方面对孩子造成影响。我们常说"父母之爱是最无私的"，但是却有很多父母把对孩子的爱变成了"碍"，

# 后记 "为人父母"课后感悟

阻挡了孩子前进的脚步。孩子在成长过程中，听到了父母多少句"你必须""你应该""你这样不对"这样的话，多少孩子的天性因此受到了压抑，不再敢于表达自己与发展自己。

"亲子关系，是我们生命中最大的照见"，"人这一生最大的突破就是学会如何与人沟通"，包老师的话发人警醒。为人父母是我们这一生最大的修行，我们看到的所谓的"孩子的问题"，其实都是我们自身的问题。让我们一起发心，在每一天和孩子的相处中，都反观自己、修正自身，给予孩子真正无条件的爱与关怀，给予他们正向正确的引导，让孩子们健康快乐地成长，实现自我、发展自我，自由自在地去创造属于他们的美好世界。

## 徐红霞：改变从点滴开始

走进"为人父母"课堂，我的感触很大——在这几天的课程中间无一人走动，无一人打电话，无一人聊天，这是我在以往所有课程培训中从来没有碰到过的。去之前我还想着3天的课程排得很满，为了防止自己课上打盹，特地带了清凉油。结果整个课程中我一直都精神饱满，每天的课程都是在不知不觉中度过的。

包丰源老师在课堂中间做了一个互动，是关于打骂孩子的场景回放，让学员回忆自己儿时被父母打骂时心中的想法。

当学员在包丰源老师的引领下一遍遍讲出了当时的心声"妈妈，不要打了，我很难过、我好委屈"时，我顿时泪如雨下，儿时的痛苦经历一下子爆发出来——这也是我心底的痛呀！我曾经也是多么委屈，多么希望父母能够停下对我的责打啊！要是父母当时能够停下，仔细倾听我的心声，我哪至于现在这么委屈，直至今日往事还历历在目啊。没想到这痛苦的"种子"竟然埋藏得这么深，以至于我今天回想起来还是那么难受！

紧接着我又立即想到了，我居然是把同样的棍棒教育方式用在了女儿身上，曾经我也气愤得失去理智，一个巴掌打得女儿流鼻血！当时女儿一声声地哀求"妈妈，不要打了，妈妈，不要打了"，这样也完全没有阻止我疯狂的举动。

我真悔恨啊！当时在课堂上我真想找个洞钻进去，委屈和愧疚之心难以形容！我儿时甚至还因为惧怕父母的打骂离家出走过！真的很感谢我的女儿没有将同样的行为报复实施在我的身上，现在想想真是后怕！

我决不能再将这种错误的教育方式用在我女儿身上，并延续到她的下一代！当时我就在心底暗暗发誓：以后再也不打女儿了！

包丰源老师还讲了带给孩子最大伤害和痛苦的两件事：一是分离，二是父母吵架。在女儿8个月的时候，我开始上班，我和我先生没有时间照顾她，于是就把她送到了外婆家。现在回想起每次我女儿依依不舍的表情，记忆依然是那么深刻。她至今仍叫我姐姐为"阿姨妈妈"。此时此刻我才体会到她当时的心理感受，她是多么想念父母呀，以至于她要在阿姨身上找寻母爱！而时至今日这份缺失的爱仍没有被填补上。

我和我先生这两年在很多事情上分歧很大，经常会因为一些事情吵架，而且毫不避讳女儿！仔细想来，为了赢得女儿的同情，很多时候我还私下不停地数落我先生的不是，甚至还告诫女儿以后长大了千万不能找像她父亲一样的人，并告诉她凡事只能靠自己，不能将希望寄托在别人身上，以至于她现在看她父亲也是诸多不顺眼。

最近一次吵架后，我女儿委屈地说："你们这样吵架，让我怎么办？你们考虑过我的感受吗？"当她说出这句话的时候，我居然也没有引起警觉。直至听到包老师课堂上的指点，我才明白，我们夫妻间的争吵给孩子带来的不安全感是多么巨大！我太无知了。从去年开始我女儿一直缠着要跟我一起睡觉，每天晚上都要让我抱抱亲亲，我竟错误地以为女儿和我的关系真好、真融洽，却不知这是女儿能量被严重消耗、极度缺

## 后记 "为人父母"课后感悟

乏安全感的表现！

上完"为人父母"课程后，我先生来接机。在停车场发动车子之前，我握住先生的手温柔地、缓缓地说了声："我们以后一定要好好地过！"那一瞬间，我看到先生眼眶有微微的湿润，他大声地回应我："肯定的，我们肯定会好好地过！"回去路上我们聊了很多，也聊到了我们的争吵，他说他非常爱我，爱我们的女儿，爱我们这个家！

我问他为什么今天会讲这句话，他说："因为今天你很平和，能够静下心来和我说话，即便我刚才在说你的不足，你也没有那么锋芒毕露、针锋相对。"我想这就是包老师课堂上讲到的链接！当我静下心来聆听，我先生就能很好地感受到，同时也会将平和与温暖回应给我。

回家之后，我开始跟女儿轻声细语地讲话，每天在她上学后帮她叠被子，把家里收拾整洁。第三天晚上，我女儿就主动问我："妈妈，你这几天为什么每天帮我叠被子呢？""那你感觉好吗？""很好，很干净，看着就很舒服！"孩子是很敏感的，任何一点点细微的改变她都能感受到！

周六，我给她写了一封信，信中讲到了自己的不足与以往的错误，同时为给她造成的伤害道歉。她没有当着我的面看信。周日晚上我说找她聊聊时，一开始她说她要复习，下周要月考，没有时间，拒绝了我。我当时很失落。一个小时后她又主动来找我，说既然我要聊那就聊聊吧！我再次为我的不当行为向她道歉，我和我女儿都哭了。

当结束聊天时我紧紧地抱着她，她也热烈地回抱了我，甚至还主动地把我抱了起来，她说："妈妈你从来没有这么抱过我，抱得我这么紧、这么有力！"多么善良的孩子呀，她不但原谅了我的过错，同时还告诉我以后会好好的。一股暖流一直在我心底回荡，使我久久不能平静！这份感动是无比真挚的，是我许久没有感受到的。（孩子是细心的，她甚至发现了我写给她的信上的泪迹，并把信仔细地收进了她的书柜。）

女儿今年十七岁了，但愿我的觉醒不是太晚。我知道她关闭的心门应该不会这么容易打开，与她的交流中我感受到她还有所保留，我知道这十七年来带给她的伤害不是靠我三言两语、某几天的改变就能调整过来的。我想她也一定会在暗暗地观察，确认我的意念有多强，改变是否能持之以恒。我坚信我会用我的改变让她感受到浓浓的爱意，真心当好家族纽带的角色，学会怀着一颗谦卑的心尊重她，给她一个自由的空间，充分地肯定她的价值，积极地正面引导她，同时提升家族的能量，维护好整个家族的链接。

## ▶ 感悟3：过去的经历，塑造了现在的我们

### ✎ 杨艳辉：回看人生是为了更好地让生命前进

过往的经历虽然从时间上已经过去了，但对我们的影响却一直存在。比如包丰源老师说，有人早年偷过家里的钱，偷的时候怕被发现，这种担心、害怕的情绪与金钱形成一个"文件包"，会影响他日后与金钱的关系。再比如，有的人虽然很能赚钱，但会用各种方式把钱花出去。

今天的果源于早年经历种下的因，有因必有果。我们通过学习，了解规律，回看人生，勇于面对过去，方能重新按照生命规律编码自己和孩子的人生。

包丰源老师又说，我们学会回看过去，不是执着于要改变什么，而是要学会怎么看待自己的人生。比如，思考什么才是真正的财富，或者赚钱的意义是什么。赚钱除了养家糊口，除了更多地满足自己的物欲，还可以为他人、为社会做一些什么事情呢？"生命智慧"直播课第一讲中，包老师说道："人来此一生，不是来享受的，而是来修付出的。"能

## 后记 "为人父母"课后感悟

为他人或社会付出,这才是生而为人的价值和财富吧。感恩包老师的引领,让我在回看和思考人生的过程中收获了内心的笃定和淡定。

### 李月容:情志疗法·重生

看见丈夫和儿子走进"心智家园"体系后的喜悦,我也毅然走进了"为人父母"课程。感恩敬爱的包丰源老师,他的丰源益语,点亮了我黑暗的心灯,抚慰了我冷却多年的心,情志疗法唤醒了我的记忆、良知,让我获得重生!

"为人父母"几天课程的学习,让我敞开心扉,解开心结。我找到了几十年来在教育孩子方面存在的问题,压抑多年的困扰和痛苦得以释放。以前一直以为,父母工作敬业、称职、优秀,孩子的成长必定良好,只要把所有最好的给予孩子就是最爱孩子。为达成望子成龙的心愿,我们不惜一切代价,给孩子上最好的幼儿园,上最好的学校。毕业后替他找工作,结婚为他买房买车,为他包办所有的事情,一切为他着想。认为只有这样,儿子将来才有出息。

可是,几十年的心血,我们的付出化为泡影,换来的只是眼在流泪、心在滴血!儿子一次又一次地犯错,使我感到教子无方,从希望到失望!出现问题时,我给予他的只是恶骂,越骂越凶,直至痛打!严重时,还发出最后通牒:若有再犯,就将他赶出家门,从此断绝母子关系!我们对儿子如此付出博爱,为什么换来儿子自暴自弃,没有担当?他的叛逆令我不知所措,百思不解,从失望到绝望!最后,导致了我长期失眠、压抑、焦虑,甚至产生轻生的念头……

走进"为人父母"课程,我找到了答案:"什么是教育?上行下效,始之为善。教育是塑造人格最好的方法。"包丰源老师句句发人深省的益语,使我深刻感受到以前给孩子的不是真正的爱,而是溺爱,是障碍,是绊脚石。

我想起李嘉诚先生说过，一个人事业上再大的成功也弥补不了教育子女失败的缺憾。不管挣了多少钱，事业发展有多么顺利，如果教育子女不得当，将来一定会后悔。这种观点在我们身上得到了验证。因为包办孩子所有的事情，导致孩子失去尊重、自由、自信和独立。在优越的条件下，儿子失去了人生的奋斗目标，找不到人生的价值所在，每天处于无所事事的状态，才会精神空虚，误入歧途。每每犯错时，又得不到父母的关爱，由此越陷越深。

从"生命智慧"到"为人父母"的学习，我真正感悟了包丰源老师所说的：孩子生病了，病根在父母身上，不是孩子的问题，所有问题都是父母造成的。是我们害了儿子，没有给儿子人格的培养，没有给儿子真正的爱和信任，我们对不起儿子！课堂上每个个案都是那么震撼，那么感同身受。我嚎啕大哭后，压抑多年的困扰和痛苦得以释怀，顿感浑身轻松。当下的快乐时光，是如此美好和令人喜悦，又是那么值得珍惜！

今后，我要用心爱儿子，向儿子认错，和儿子好好沟通，尊重信任儿子，多多鼓励儿子树立自信，找到人生的价值。

### 辜丽元：感受爱与温暖，找到了家的感觉

这些年我参加了很多学习，却越学越困惑，很迷茫。而这次的课堂，让我有了安定和归属感，找到了家的感觉。

"文件包"可能是一件很小的事情，却对我们的人生产生着巨大的影响。课堂上大家分享的"文件包"，也让我看到了自己过往的行为模式，为什么孩子变成了现在的样子，我找到了原因。

一切都是换来的。我终于看到了，是家人让我不断成长。回到家后，当我和爱人重新建立爱的链接之后，一家人都特别开心。

## 后记 "为人父母" 课后感悟

### ▎李晓天：运用生命规律主导生活，每个人都能收获美好和精彩的人生

课程让我对"文件包"有了基本的认知，我深刻感受到了它对生命的影响深刻而持久。如果不改变的话，生命就会在不断循环中停滞不前，只有解开这个"封印"，生命才能得到提升。

课堂上的案例让我意识到身体和能量息息相关，药物只能短期缓解症状，只能治标，关系的修复、能量的补足也是重要方面。与父母之间的良好关系，是我们最强大的后盾，对人要多一些包容与柔软。

财富是换来的，而非赚来的。我联想到了蝴蝶效应，我们的所思所行，都会在未来以某种方式折射回来。帮助他人，才让能量流动与交换。

## ▶ 感悟 4：孩子是独立的个体，有自己的生命轨迹

### ▎霍立韵：不断学习成长，与孩子建立无障碍的沟通桥梁

父母与孩子的关系是心与心的贴近，一句"爸爸妈妈，我不求你赚大钱，只希望你多陪陪我"触动了我，让我更加珍惜与孩子共度的时光，并且意识到作为父母要不断学习成长，才能与孩子建立无障碍的沟通桥梁。心中的那份牵挂与爱意，让我意识到，自己是多么幸运才能拥有这样的家庭，也更加坚定了要多陪伴、多照顾父母的心。

### ▎吕文婷：用爱与智慧，培育出有优秀品质的新一代

教育一个孩子，其核心并非单纯的知识灌输，而是塑造他们优秀的精神内核。这些品质，如善良、担当和富足感，才是孩子们未来人生的坚实基石。

每一次耐心的倾听，每一次温暖的拥抱，每一次坚定的鼓励，都是对孩子品质的熏陶与培养。而当父母自身也展现出这些优秀品质时，孩子自然会在模仿与学习中，将这些品质内化于心，外化于行。父母不仅是孩子的引路人，更是他们精神世界的塑造者。让我们携手同行，用爱与智慧，共同培育出拥有优秀品质的新一代。

### 黄珍萍：爱从欣赏开始，建立真正爱与爱的链接

走进课堂，回看自己养育孩子的 24 年，看到自己太多的不足。

第一，曾经我引以为傲，认为自己是孩子眼中最好的朋友，其实父母需要从更高维度引领孩子成长。

第二，给予孩子太多，反而会让他们感受不到父母的爱，生命源动力来自精神层面。

第三点，爱从欣赏开始，这是一种心的感受，让人感到安全和感动。充满爱的家庭氛围，是孩子最好的滋养。

### 刘晓虹：放手去飞

过去我有着很深的紧张和恐惧感，8 岁的女儿被我视若珍宝，从小到大，我一直像是她的影子一样陪伴在她左右，从不敢让她独自外出，甚至下楼与小朋友玩我都寸步不离。交通安全问题以及新闻上的儿童走失、遇害案件让我提心吊胆，生怕孩子独自出去会出什么问题或者遇到什么突发情况不会处理。所以，虽然学校离家很近，我还是坚持把她送到校门口，并每天到校门口接她放学。

通过"生命智慧"课程的个案处理，包丰源老师帮我找到了造成恐惧的"种子"，我不再像以前那样总是将自己的内在感受强加于孩子。以前孩子曾经跟我提过几次想自己上下学，不要我再接送她，但都被我严厉地回绝了，每次孩子的眼中都写满了委屈。其实，说到底还是我对孩

子的能力缺乏信任，我不相信孩子能够自己处理好这些事情，这明显是对孩子自尊心的一种打击。

我在家里正准备出门去接孩子，却听到了门铃声，开门一看，原来是孩子提前放学回来了。过去我会担心与后怕，现在看到孩子的兴奋和自豪，我很感动，我成长才能帮助孩子更快地成长。

女儿一本正经地对我说："妈妈，你就相信我吧！我可以的！"从那以后，我开始逐渐地放手让孩子自己处理问题。她去找小朋友玩时我不再陪着了，也尝试着慢慢让她自己上下学，甚至我还会安排她去帮我买一些东西，她都完成得不错。

我还惊奇地发现，在我越来越信任孩子的同时，孩子也越来越懂事、越来越懂得感恩了，她常常会给我一些意外的惊喜，还把我当成她的好朋友，跟我说很多知心的话。

## ▶ 感悟 5：父母的心智成长，是孩子的心灵财富

### ✎ 刘映生：父母进步的一小步，是孩子进步的一大步

教师是人类灵魂的工程师，回顾自己一路走来的历程，这是改变命运、创造未来的课程。通过课堂学习，我们夫妻更加和谐，生命维度达到了新的高度，我们的孩子也发生了翻天覆地的改变。按照包丰源老师的引导，我们为孩子定下了善良、正直、有贡献的人生目标，走在规律上，我和太太看到了稳稳的未来，看到了家族的希望。课堂上，我们看到了孩子未来发展的方向，为孩子规划充满希望的未来。父母的为人，将决定孩子的发展。

### 谢沅希：育儿先育己，教人先自教

我看到了自己心中希望孩子成为的样子，也看到了自己一路成长父母的付出。我明白了什么是"前人栽树，后人乘凉"，我们现在享受的一切，是父母的勤勉、辛劳换来的。同样，我们能够给予孩子的精神能量也在于此。

我们想让孩子成为一棵树，首先自己要成为参天大树；我们想让孩子成为一条河，首先自己要成为大江大河。"为人父母"课程，帮助的不仅仅是父母，更是家族和人生。生命的生生不息，是爱在浇灌；家族的生生不息，是福德的延续。

### 郭咏华：创造美好的未来

学习了三天两晚的"为人父母"第十六期课程，我感觉时间过得太快了，包老师的课还没听够。包老师在课堂上讲了育儿四要素：教育、爱、修和智慧。回想自己育儿十年的经历，我深深地被触动了。

关于教育，不得不说孝顺。过去我对孝顺总有很多的疑惑之处。我不明白，父母做错了，为什么还要顺？我并不明白孝顺的真正意义何在，更愿意去跟父母理论、争论，去分个对错黑白。人生走得坎坎坷坷，我也并不懂得，是因为自己抱持这种信念，才有了这样不顺利的生活。我的生活里没有这样的教育给到我，让我去看到更高层面的东西，所以等养育孩子的时候，我对中国文化的一知半解，导致我更愿意接受西方倡导的爱和自由的理念。

当时我并不清楚，一个连孝顺都不懂的人，怎么会懂得什么叫作无条件的爱。当孩子们不断地长大，接受爱和自由的孩子们表现却各不相同。有的孩子被严重宠溺，目无尊长；有的孩子看似独立，实则被忽视，在关键时期得不到帮助。

有的父母脱离了这种教育，觉得无法驾驭，情况不妙，回归了"传统文化"；有的家长呕心沥血地探究如何教育孩子，结果是想把自己认为正确的知识和方法传给孩子的时候，孩子又紧张抗拒，结果总让人无奈和纠结。

坚持爱和自由理念的我们，走到一个死胡同时，再看坚持传统教育观念的父母和孩子，也出现了孩子课业沉重，活力不足，对科学探究失去了兴趣，失去理想追求，没有方向，没有目标，没有生活的激情，等等问题。我很茫然，这边是我要逃离的，那边又是我不可驾驭的，这让我何去何从？

我不知道经过自己的手，孩子会被塑造成什么样子。在未来十年、二十年甚至三十年后，面对那时的他，我能否问心无愧地对自己说"我尽力了，我做到我能做到的最好了"？我是否能心安地认为，我现在给予孩子的一切，是孩子真正需要的？我这样做能否确定他会拥有一个光明的未来？我是爱孩子的吗？我到底是"爱"他，还是"碍"他？

包老师讲，教育是上行下效，始之为善。这何尝不是每一个家庭的梦想？只是这样美好的家庭氛围早成了这世界上真正的奢侈品，奔驰、宝马反而更容易得到。家长一次次地想去改变，一次次地碰壁，最后选择了妥协和放弃。我们不想看到真相——孩子的问题是父母的问题——因为觉得自己改不了，但我们又是多么希望孩子身上不会有我们不喜欢的地方。我们不但和孩子沟通不畅，夫妻之间也多有无奈，我们不懂得沟通背后需要怎样的链接。

包老师讲到"修"，我深刻认识到，**比做好父母更重要的是做好别人的子女**。但是，若不曾听过包老师的教诲，我不会相信我会成为一个好女儿。对于修自己，我们何尝不是经历了很多的痛苦和艰辛，有很多的无助和期盼？

包丰源老师在处理个案之后，在让我们看到许多真相之后，振聋发聪地说：如果教育孩子还需要用技巧的话，你的爱心在哪里？我们的孩子为什么越来越像我们？其实我们对自己是非常不满意的，我们都不爱自己，怎么能去爱一个跟自己一样的人呢？孩子从我们不接纳我们自己的时候，已经失去了来自父母的爱了。我们的爱心到底哪儿去了？

　　包丰源老师讲**爱的四个层面：第一层，牺牲的父母，为了孩子牺牲了自己；第二层，努力的父母，努力的背后是欲望；第三层，付出的父母，一个人去付出的时候，是需要回报的；第四层，喜舍的父母，只有充满喜悦地舍，才会有真正的得。**要做到爱的最高层，需要修，需要提升自己的能量。真爱就是提升自己的能量，并提升对方的能量，否则我们借着爱的名义，做的却是掠夺别人能量、榨取别人能量的事。孩子的能量都要被无知的父母榨干了。

　　在上包丰源老师的课程之前，很多时候我无法克制自己的行为。明知道不能打孩子，明知道不能对孩子言语刻薄，明知道应该充满爱地去陪伴孩子，明知道不能给孩子的心灵留下伤痕，可是，明知道却做不到。每次做错之后，锥心之痛，无法排解。

　　上包丰源老师的课后，有些被卡住的关卡，打开了；有些深深的绝望，过去了。特别是第三天，讲到对父母要孝顺，要喜舍，要喜受的时候，我有生以来第一次发自内心地对妈妈充满了感恩之心：感恩妈妈给我二十年的磨练，让我懂得去选择一个什么样的男人做老公。听到父母的哪些方法无法支持自己孩子成长时，我觉悟到要避免犯类似的错误。这一程"修自己"的路，我第一次有信心走下去。

　　西方教育讲让孩子成为他自己，而包丰源老师讲对孩子的未来要用智慧来"设计"。我再一次被深深地震撼了。这种对教育高度的驾驭，是在洞察了孩子本身的特性、特长和潜能之后，在跟孩子有足够的链接时，在父母和孩子建立了足够的尊重和信任基础上，才能够操作的一件事。原来让孩子成为他自己，是父母首先要知道孩子本来的"样子"，才有希

## 后记 "为人父母"课后感悟

望去实施的。

包丰源老师画的链接与平衡的十字轴中的四个象限，给出了四项内容：价值，自由，财富，能量，我们每一个父母，每一个孩子，只有生命中实现了这四项内容，才能感受到活着的精彩，明白生命的意义。如果我自身在这四个方面严重匮乏，即便我竭尽全力，如何能够真正给予孩子？幸运的是，当我跟随课堂走下去，我的孩子开始变得不同，我的家庭开始变得不同，我和长辈的关系开始变得不同。

不知道从什么时候开始，我的孩子开始敢于竞争，敢于争第一，开始感受到他自己内在的力量和突破自己的喜悦。我和老公从左手右手，柴米夫妻，开始走上灵魂伴侣之途。我和父母、公婆的关系，也从相互刻意去令对方满意，变成了真正的感动和感恩，幸福的链接就在无形中，不经意中，建立起来了。

多年之前，我经历过内心的挣扎后，对朋友们说，我只想做一个真正的人。

多年之后，包丰源老师在课堂上对学员们说："不以为人，何以为父母！我做的是教育！"那一刻我泪如雨下。父母生了我的肉身，书本给了我许多人生的哲理，而真正让我能够去做到并感悟到一个人的尊贵和幸福的，是包丰源老师。每每想到他用生命去做教育，我都无法不泪崩，无法不感动。

人们存在的价值，不是以拥有多少去衡量，而是以付出多少去体现。我不断突破自己的局限去领悟包丰源老师的慈悲和大爱，每一次都令我为自己的狭隘而汗颜。每次听包老师讲东方智慧，我心里的感动都如大海涌动。

学习"为人父母"第十六期课程之后，我接受了我的样子，我不在乎所有经历中留下的种子，因为我知道跟着这个家园，我会做到此生该做到的事情。我看到自己的价值，不断地给予自己自由，我会活出我的精彩。我相信我的家庭会收获这四象限里的每一个需求，生命因此而美丽。

## ▶ 感悟 6：家族的能量与福气，在亲子链接中传递

### ✎ 李湘云：课程让我懂得了母亲这个角色的意义

好的人际关系来自温暖的家庭，良好的家风能赋予孩子生命的源动力。父母只有懂得规律，才能智慧地处理孩子的问题，让孩子在经历中学习和成长。当父母的心与孩子的心相互链接，能量才能流动，才能提升孩子的能量。

"为人父母"第二十八期课程让我懂得了母亲这个角色的意义。我要好好珍惜自己的生命之旅，修正自己的缺失，成为孩子的榜样，让他去做他生命中应该做的事情。

### ✎ 宋虹：我爱你

50多天的旅程仿佛经历了一生。人生中无数大大小小的经历都在这短短几十天里一一重放。回望自己走过的36年的人生，有一句话，一个声音，陪伴着我：永不放弃。不放弃对美好的追求，不放弃对爱的执著。

每个人的人生里都有无数痛苦的时刻，于我而言，从来没有一种痛苦这样深入骨髓，如影随形。我记得那天在去拿孩子诊断书的路上还是轻松的，我想也许终于可以告诉那些不能接受孩子的微微不同的老师，我的孩子没有孤独症（又称自闭症），他只是不同而已，我们每个人不都是如此不同吗？他只是特别一点。当专家组代表告诉我，他们的结论是非常肯定这个孩子是孤独症时，我的脸上好像还是微笑的，因为我听错

## 后记 "为人父母"课后感悟

了，我以为他们说的是非常肯定孩子不是孤独症。但是，越往下听越不对，我打断他："请等一下，您再说一遍，不是说他不是孤独症吗？"对方停下来静静地看着我，不发一语，灰蓝色的眼里是满满的理解和同情。老公在旁边轻轻地说，他说的是孤独症。

从专家组办公室出来后，我抓着老公不停地问："怎么会是这样？怎么办？怎么办啊？"老公是个单纯善良的人，总是没心没肺开心的样子。他居然轻松地安慰我："没关系的啊，我们多挣点钱，至少他将来有房子住，将来我们死了，我们的老二还可以照顾他。"可是第二天下午，我接孩子从学校回来，远远地看见这个昨天还假装轻松安慰我的人直直地站在门口张望，满眼是掩不住的担忧。

我想当我走进"生命智慧"课堂的时候，我的内在心灵一定是这样告诉包老师的：如果瞬间改变我的孩子是一个不可能的奇迹，那就改变我吧，让我变得更谦逊，更有力量，这样我才能改变我的人生经历和这个经历里的孩子。我想这样会让这件事情变得稍微容易一点，包老师不是神仙，何况天助自助者，就算是神仙也需要我自己配合帮忙吧？所以我有了一个愿望：愿意接受包老师帮我治疗，愿意改变自己。

课程开始之前包老师说，这个课程走完，你所有的愿望都会实现。我想一定有人跟我一样半信半疑，可当课程一天天往下进行，我一天天地看到我的愿望正在实现：我从来没有告诉老师我希望通过这个课程让自己变得更加谦逊，更有力量，但是我惊讶地发现老师对我说的每一句话、做的每一件事都在帮助我完成这个愿望！

我还没有从惊讶中完全回过神来就回到了加拿大的家里，经过不长的时间，我又震惊了：那个常常神游的"孤独症"孩子突然不神游了，他忙得没空理我，自己做数学题、写汉字、弹琴，自己刷牙、洗澡、换衣服。他和楼下的小丫头形影不离，他们一起弹琴，一起玩想象的游戏，一起聊天。他的老师告诉我他最近的改变突飞猛进！

让我惊讶的还有老二,之前我们放了太多精力在老大身上,老二对奶奶特别依赖,对我和老公明显疏远。在课堂上包老师说过:父母是孩子的第一顺序监护人,爷爷奶奶只是第二顺序,我当时想,回去要调整了。我并不知道要怎样调整,包老师说多给孩子带一些礼物回家,并且细心地帮我准备了满满一箱礼物,让我送给孩子和我身边所有人。

回到家里,老二看到我的第一眼先是微微一愣,然后笑了一下,并没有马上扑过来,只是保持一段距离地看着我,一直到我打开箱子说:"宝贝,妈妈给你带了好多礼物哦。"他微笑着走过来一一打开礼物,新衣服让我给他披上,新鞋子让我给他穿上,糖果让我剥开喂到嘴里,新玩具要我一遍遍地和他玩。我们一边玩一边相视而笑,从那一刻开始到今天,老二每天走路都是笑眯眯地蹦跳着。我这一次的离开似乎疗愈了老二:原来妈妈会离开,原来离开的妈妈真的会回来,回来的妈妈原来如此爱我。

包老师说,对孩子修"舍"。短短几十天的放手,却让我收获了如此多的喜悦,在这喜悦的背后还有一种无穷的力量感,这种力量感无时无刻不在提醒我:去帮助更多的人创造更多的喜悦,不停地去付出吧,这种喜悦和力量才会与日俱增、永不离开。可是我们如此狭隘,太多的苦痛放不下,阻碍着我们付出。

我们牢牢记着别人对自己的伤害,可是我不知道为了成全我,他们选择了被我怨恨。冥冥之中,那么多的爱与牵挂,我却选择浑然不觉。我要求这个世界用无数的方式无数遍地证明给我看,别人是爱我的,可是我却很少愿意向别人和这个世界付出和证明我对他们的爱。"爱出者爱返,福往者福来",有多少次的呼唤就有多少次的回答,从未停止,永不离开。

忏悔蒙昧中制造的所有伤害,感恩冥冥中爱我和支持我的一切!我爱你,爱曾经不遗余力帮我走到今天的你;爱此刻听我分享喜悦、与我同在的你；爱一路上正朝我奔跑而来的你。我爱看过这篇文字的你，我知道在你的心底也有着让生命更加美好与喜悦的渴求，让我们一起走上回家的路吧！

### 常蔚华：爱孩子就是提升孩子的能量

"为人父母"第十五期课程，带给我很多的思考与感悟。这次课程是我们夫妻一起上的，感觉很不一样，我们之间的链接好了许多，相互探讨的共同话题也更多了，回家后我们与孩子好好地谈了心。

去上课的这几天，孩子在家里发高烧。上课前一天晚上，我给孩子作了浅层的情绪释放，了解了孩子内心的拉扯。当时以为是孩子对作业的恐惧导致情绪压抑，其实都是假象。周日晚到家，孩子已经退烧了，当与孩子再次坦诚相见时，听到孩子说："你们周末总是不在家，很久没有陪我了。"那一刻才恍然大悟，其实孩子是用发烧这个事件来让我看见对他的疏忽。他需要关注，需要跟爸爸妈妈在一起。

包老师在课堂中说的教育、关爱孩子的事例，让我很感动，不禁赞叹老师的智慧。想起自己也看过许多育儿书籍，但离真正做到差太远了。罪魁祸首就是自己的情绪，控制不住的时候就会打骂孩子，给孩子的心灵造成了极大的伤害。

每个人来到这个世界上都带着各自的使命和成长需要。孩子就是一把映照我心灵的明亮的镜子，是来提升我们父母的。他只属于他自己，他是自由的天使。

我们父母只是一个释放孩子真我的通道，只有孩子的抚养权，没有孩子的拥有权。我们拥有孩子的身体，却观想不了他的灵魂，他总是高于我们，在提示、引领着我们成长。

父母要尊重孩子，给予孩子充分的自由，让他找到自己的价值，给予其生生不息的能量，在家族系统内建立正确的序位观。

每个孩子都有着特别的天性和禀赋，都是一个独特、独立的个体。我们教育、抚养的过程，就是让孩子在成长的路上发现自己、做自己的主人、成为他自己，这是一个人成长的关键。作为生命原件的我们，只有不断修好自己，才能使这份家族的能量得到传承，将这份善与爱播种在孩子的心灵深处，为他成为参天大树源源不断地输送养分。

不以为人，何以为父母？！就从当下出发，做好一个人，再成为真正合格的父母吧！

## ▶ 感悟 7：父母的言行是孩子未来的一部分

### ✎ 梁淑雯：上行下效，自己先成为孩子的榜样

从小到大，对于父母给我的一切，我都觉得理所当然，从未真正发自内心地感恩和孝顺他们。这一次，我彻底地看清了自己的问题，也下定决心去做该做的事情。

包丰源老师说，父为天，母为地，天地之间的空气和土壤就是家庭的环境。

想要培养优秀的孩子，就要有好的家庭环境和氛围。我也要让孩子学会多尊重父母，把序位摆正过来。改变自己，上行下效，为人父母还是要回归到修正自己的路上，如此才能培养出优秀的孩子。

### ✎ 邹玉：爱孩子的最好方式是父母相爱

"为人父母"第二十八期课堂，让我的内心充满感动，每次课程体验都让我收获到来自生命的礼物。那些由内而发的心灵体验，让我与先生的链接更加强烈。父母是孩子成长的土壤，要想青胜于蓝，父母一定要

## 后记 "为人父母"课后感悟

先成为蓝。课堂颠覆了我对"为人父母"的定义，做好父母的孩子，才能做好孩子的父母。我找回了作为孩子的角色，心生欢喜。

### 朱文博：先做好父母的孩子，再做好孩子的父母

要为人父母，首先要做好自己，做好父母的孩子，再做好孩子的父母。我们要重视孩子内在的品质，培养他们成为善良、有担当的人，懂得与人良好互动且敬天爱人。

学习"为人父母"课程，让我感悟到，要更好修自己，做孩子的"垫脚石"和"探照灯"，让孩子有更多机会去经历，赋予他富足感和价值感，让他懂得承担更大的责任，同时要欣赏他，给他定好规矩，用自己的提升和付出，换孩子的成长和家族的兴旺。